NEW 스타트! 대학중국어

지은이

맹유(孟維)

· 중국 요녕성(遼寧省) 금주(錦州)에서 출생
· 중국 대련외국어대학 한국어학과 졸업
· 경북대학교 대학원에서 석사학위 취득(현대한어어법학 전공)
· 영남대학교 대학원에서 박사학위 취득(중국현대문학 전공)
· 현재 경북대학교, 영남대학교에서 강의
· 저서로는 『중국인이 가장 많이 쓰는 중국어표현 200』(공저) 외 다수
· 번역서로는 『古時調100選』 외 다수

배득성(裵得成)

· 경북대학교 중어중문학과 졸업
· 경북대학교 대학원에서 석사학위 취득(현대한어어법학 전공)
· 대만 청화대학 중문연구소에서 박사과정 수료(현대한어어법학 전공)
· 중국 중산대학에서 박사과정 졸업(국제중국어교육 전공)
· 경북대학교 대학원에서 박사학위 취득(현대한어어법학, 중국어교육 전공)
· 위덕대학교, 계명대학교, 교육부 중앙교육연수원 등에서 강의
· 현재 경북대학교 중어중문학과에서 강의
· 중국어교육 관련 논문 다수

사위국(謝衛菊)

· 중국 사천성(四川省) 팽주(彭州)에서 출생
· 중국 사천사범대학 공상관리학과 졸업
· 경북대학교 대학원에서 석사학위 취득(현대한어어법학 전공)
· 경북대학교 대학원에서 박사학위 취득(현대한어어법학 전공)
· 현재 경북대학교 중어중문학과에서 강의
· 현대한어어법 관련 논문 다수

정영지(鄭榮芝)

· 경북대학교 중어중문학과 졸업
· 경북대학교 대학원에서 석사학위 취득(중국 음운학 전공)
· 중국 중산대학에서 박사학위 취득 (중국 음운학, 문자학 전공)
· POSTECH 인문사회학부에서 강의
· 현재 경북대학교 중어중문학과 및 어학센터에서 강의
· 「二等 開口 喉牙音字 중 i-介音의 來源 고찰」, 「어기조사 '啊'의
音變 처리상의 문제 및 교육」 등 음운, 음성 관련 어학 논문 다수

이혜정(李惠貞)

· 경북대학교 중어중문학과 졸업
· 경북대학교 대학원에서 석사학위 취득(현대한어어법학 전공)
· 중국 북경사범대학에서 박사학위 취득(현대한어어법학 전공)
· 현재 경북대학교 중어중문학과에 조교수로 재직 중
· 현대한어어법 관련 논문 다수

NEW 스타트! 대학중국어

찍은 날 2023년 2월 8일 | **펴낸 날** 2023년 2월 23일
지은이 맹유·배득성·사위국·정영지·이혜정
펴낸이 홍원화 | **펴낸 곳** 경북대학교출판부
출판등록 1973년 10월 10일 ㉑97호 | **주소** 대구광역시 북구 대학로 80
전화 053-950-3830 | **팩스** 053-953-4692
이메일 press@knu.ac.kr | **홈페이지** http://knupress.com
ISBN 978-89-7180-598-5 93720

정가는 뒤표지에 있습니다. 파본은 바꾸어 드립니다.

NEW

스타트! 대학중국어

맹유·배득성·사위국·정영지·이혜정 지음

경북대학교출판부

들어가는 말

외국어 교재는 특성상 시의성이 중요하다. 요즘처럼 하루가 다르게 급변하는 시대 흐름 속에서 10년 전에 편찬된 『스타트! 대학중국어』를 교양 중국어 교재로 계속 사용하는 것은 무리가 있다는 판단하에 2022년 7월, 중국어교재편찬위원회를 구성하여 6개월 만에 집필을 마무리하였다. 6개월이라는 짧은 시간 안에 이처럼 순조롭게 집필을 마무리한 데는 필진의 관록과 더불어 교재 개정에 대한 강한 책임 의식에 힘입은 바가 크다.

회화 중심으로 설계된 여타 중국어 교재와는 달리, 기존의 『스타트! 대학중국어』는 교양 중국어 교재로서의 역할을 충실히 수행하기 위해 회화뿐만 아니라 문법 영역에도 많은 공을 들였다. 불만을 제기하는 이도 있겠지만 본 필진은 이 점이 바로 교양 중국어 수업을 다른 중국어 회화 수업과 차별화시키는 기본 방향이라고 판단하고 『NEW 스타트! 대학중국어』를 집필할 때도 그 틀을 크게 벗어나지 않으려 했다. 다만 학습자들의 요구에 좀 더 부합하기 위해 다음 몇 가지 부분에 특히 중점을 두고 작업을 진행하였다.

첫째, 대학의 실제 수업 주수(13주)에 맞춰 총 10과로 구성하였고 모든 과의 서사 연결성을 강화하여 반복적인 학습이 가능하도록 하였다.

둘째, 중국 현지 유학 생활 중 접할 수 있는 최신의 다양한 상황들을 설정하여 회화를 구성함으로써 시의성을 한층 높였다.

셋째, 4과부터는 매 과마다 회화 내용에 상응하는 단문연습을 별도로 추가하여 회화체 문장뿐만 아니라 서술형 문장에도 익숙해질 수 있도록 하였다.

넷째, 문형이나 어법 설명에서는 가급적 학술 용어 사용을 배제하고, 직관적으로 받아들일 수 있는 설명 방식을 채택하여 학습자들이 좀 더 쉽게 접근할 수 있도록 하였다.

다섯째, 학습자들이 본 교재만으로도 중국어 독학이 가능하도록 단어 및 어법 포인트를 좀 더 상세히 다루었다.

여섯째, 중국어 필순을 정확히 파악하고 간체자 기본원리를 자연스럽게 터득할 수 있도록 간체자연습 부분을 추가하였다.

일곱째, 중국 문화에 대한 기본적인 이해를 증진시키기 위해 '중국엿보기'라는 문화 코너도 마련하였다.

『NEW 스타트! 대학중국어』 집필 작업은 학과의 많은 관심과 지지 속에서 진행되었다. 집필 과정에서 교재의 완성도를 높이기 위해 교수법에 대해 다양한 의견을 개진해 주신 학과 선생님들께 다시 한번 감사의 인사를 전한다. 모쪼록 본 교재가 학습자들이 중국어에 입문하는 데 조금이나마 긍정적인 역할을 할 수 있기를 기원해 본다.

2023년 1월 20일

중국어교재편찬위원회

이 책의 **구성**

『NEW 스타트! 대학중국어』는 교양 중국어 수업을 위한 교재로, 세부 구성은 다음과 같다.

발음편

표준어와 방언, 간체자, 한어병음방안에 대해 소개하였고 성모, 운모, 성조의 조음방법 및 성조변화를 설명하여 정확한 중국어 발음을 익힐 수 있도록 하였다.

발음연습

1과부터 4과까지 발음 연습을 별도로 두어 녹음을 듣고 원어민 발음을 따라 읽으면서 자연스럽게 정확한 발음을 익힐 수 있도록 하였다.

회화

일상생활과 밀접한 내용들로 구성하여 실용적이면서도 유익한 문장들을 익힐 수 있도록 하였다. 모든 과는 총 2개의 회화로 구성되어 있다.

새단어

모든 단어는 병음, 품사, 의미, HSK 급수 순으로 배열하였다. 품사와 HSK 급수는 2021년 3월 공표된 国际中文教育中文水平等级标准을 따랐으며 품사나 급수가 명시 안 된 경우에는 이 책에서도 표기하지 않았다. 회화의 독해 편의성 및 단어의 문장 활용 사례를 즉각적으로 확인할 수 있도록 새단어는 해당 회화 옆에 배치하였다.

단문연습

4과부터 매 과마다 서술형 형태의 단문을 추가하여 회화체 문장뿐만 아니라 서술형 문장도 함께 학습하도록 하였다.

교체연습

회화에 나오는 주요 문장을 다양한 어휘로 바꿔 가며 연습하여 핵심 구문을 자연스럽게 익히도록 하였다.

어법포인트

회화에서 다루어진 주요 어법을 설명하고 [바로 확인하기]를 통해 해당 어법에 대한 이해도를 향상시키도록 하였다.

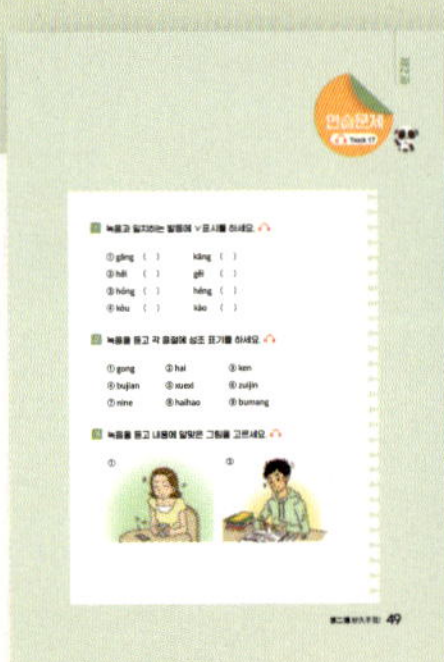

연습문제

매 과에서 학습한 내용과 관련된 문제 풀이를 통해 듣기, 읽기, 말하기, 쓰기가 자연스럽게 완성되도록 하였다.

간체자연습

간체자연습을 통해 필순을 정확히 파악하고 간체자 기본원리를 자연스럽게 터득하도록 하였다. 매 간체자 아래에는 기본적으로 병음을 표기하고 번체자가 있을 경우 번체자와 병음을 병기해 두었다.

중국엿보기

매 과에서는 기본적인 중국문화를 소개하여 중국어뿐만 아니라 중국에 대한 이해도를 높이는 장을 마련하였다.

일러두기

중국어 품사 표기

품사	표기	품사	표기	품사	표기
명사	명	동사	동	조동사	조동
고유명사	고명	형용사	형	전치사	전
인칭대명사	대	부사	부	접속사	접
지시대(명)사	대	수사	수	조사	조
의문대(명)사	대	양사	양	감탄사	감

등장인물 소개

金维真
Jīn Wéizhēn

중국영화보기, 축구, 여행 등 다양한 취미를 가지고 있는 명랑하고 활달한 한국 학생

大卫
Dàwèi

중국어와 중국영화보기를 좋아해서 고등학교 졸업 후 바로 중국으로 유학 온 적극적이고 도전정신이 강한 미국 학생

山田
Shāntián

배려심 깊고 사교성이 좋으며 취미가 축구인 일본 학생

丽丽
Lìli

솔직한 성격의 소유자로 외국인 학생들과 교류하는 것을 좋아하는 중국 학생

王老师(王平)
Wáng lǎoshī(Wáng Píng)

초급중국어반을 지도하는 중국인 선생님

이 책의 **학습내용**

	제목	주제	핵심내용	어법포인트
	발음편	발음	성모, 운모, 성조 성조변화	
제1과	**你好!** 안녕!	기본인사	你好! 再见! 谢谢! 对不起!	인칭대명사
제2과	**好久不见!** 오랜만이야!	안부묻기	好久不见! 好久不见!	'吗'를 이용한 의문문 '呢'를 이용한 의문문 '不'를 이용한 부정문 형용사술어문
제3과	**你叫什么名字?** 이름이 뭐니?	이름, 국적	你叫什么名字? 你是哪国人?	의문대명사 '什么' 동사술어문 是자문
제4과	**我家有四口人。** 우리 집 가족은 네명이야.	가족, 나이, 직업	你家有几口人? 你姐姐今年多大? 她做什么工作?	구조조사 '的' 수사 양사 의문사 '几' 多 + 단음절 형용사 나이 묻는 표현
제5과	**我喜欢学汉语。** 나는 중국어 배우는 거 좋아해.	전공, 취미	你学什么专业? 我喜欢学汉语。	전치사 '在' 의문대명사 '哪' 정반의문문
제6과	**现在几点?** 지금 몇 시야?	시간, 약속잡기	现在几点? 明天你有时间吗?	시간 표현 명사술어문 연동문 '从~到~' 조사 '吧'
제7과	**你的生日几月几号?** 네 생일은 몇 월 며칠이니?	날짜, 요일	你的生日几月几号? 那天星期几?	날짜와 요일 전치사 '给' '先~, 然后~'구문 이중목적어 구문
제8과	**多少钱?** 얼마예요?	쇼핑	多少钱? 我想在网上买个蓝牙耳机。	중국 화폐 읽는 법 조동사 '可以', '想' 동사중첩 진행을 나타내는 부사 '在' 선택의문문
제9과	**咖啡馆在超市旁边。** 커피숍은 마트 옆에 있어.	위치 묻고 답하기	咖啡馆在哪儿? 咖啡馆在超市旁边。	존재문 방위사 전치사 '离'
제10과	**韩国的气候怎么样?** 한국의 기후는 어때?	날씨, 기후	下个周末天气怎么样? 韩国的气候怎么样?	조동사 '能', '要' '不~ 也不~' '越来越~' 비교문을 만드는 전치사 '比'

目次
목 차

目次
목차

중국어 이해하기

1 표준어와 방언

중국어를 중국인들은 '한어(汉语)'라고 부르는데, '한족(汉族)의 언어'라는 뜻이다. 표준중국어는 '보통화(普通话)'라고 하는데, 북경음을 표준음으로 하고 북방방언을 기초방언으로 하며 모범적인 현대 백화문(白话文: 구어체의 습관이 반영된 글)으로 쓴 작품의 문법을 규범으로 삼고 있다. 중국에는 표준어인 보통화 외에 북방(北方)방언·오(吴)방언(浙江성 일대)·상(湘)방언(湖南성 일대)·민(闽)방언(福建성 일대)·감(赣)방언(江西성 일대)·객가(客家)방언(广东성 동남부 일대)·월(粤)방언(广东성 일대) 등 방언이 많다.

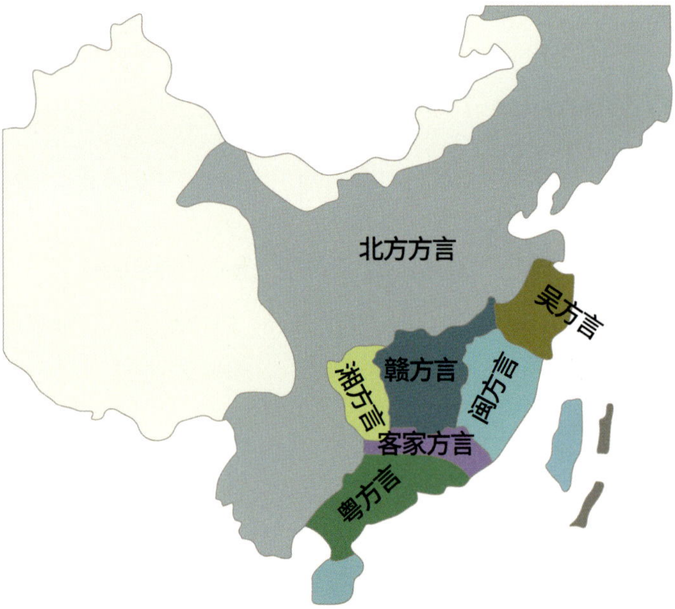

2 간체자(简体字)

간체자는 한자의 필획을 줄여 간략하게 만든 문자로 간화자(简化字)라고도 하는데, 현재 중국에서 사용하는 규범문자이다. 필획이 많고 복잡한 글자를 간략화해서 쓰기 편하고 쉽게 익힐 수 있는 장점이 있다. 우리나라에서 사용하는 한자는 번체자(繁体字)라고 하는데, 타이완·홍콩·마카오 등에서도 사용하고 있다.

韓國	韩国
번체자	간체자

3 한어병음방안(汉语拼音方案)

라틴문자를 이용하여 현대중국어 보통화의 발음을 표기하는 방안이다. 1958년에 비준·공포하여 보통화 보급, 사전의 발음표기, 도서목록편찬 등 각 방면에서 사용하고 있으며, 세계 각국에서 중국의 인명·지명 등을 표기할 때도 사용하고 있다. 한어병음방안은 자모표, 성모표, 운모표, 성조부호, 격음부호로 구성되어 있다.

병음방안의 기본자모는 26개로 쉽게 외우고 쓸 수 있으며, 모두 음소자모로 이루어져 있어 한자의 음을 정확하게 표기할 수 있다. 그리고 국제적으로 통용되는 라틴어 자모를 사용하여 국제간의 교류에도 편리하다.

중국어 발음 기본기 다지기

중국어의 음절은 성모·운모·성조로 이루어져 있는데, 성모는 음절의 첫머리에 오는 자음이며, 운모는 성모를 제외한 나머지 부분, 성조는 음의 높낮이를 말한다.

1 성모

Track 1

보통화의 성모는 21개가 있으며, 발음 부위의 차이에 따라 분류하면 다음과 같다.

쌍순음(双唇音)	b	p	m	
순치음(唇齿音)	f			
설치음(舌齿音)	z	c	s	
설첨음(舌尖音)	d	t	n	l
권설음(卷舌音)	zh	ch	sh	r
설면음(舌面音)	j	q	x	
설근음(舌根音)	g	k	h	

성모 | 쌍순음 b p m

두 입술을 다물었다 떼며 내는 소리. 'o'를 붙여 읽는다.

b 우리말의 'ㅃ'처럼 발음한다.
예 bù (不) bàba (爸爸)

p 'b'를 발음할 때보다 좀 더 강하게 공기를 내뿜어 우리말의 'ㅍ'처럼 발음한다.
예 pà (怕) pópo (婆婆)

m 우리말의 'ㅁ'처럼 발음한다.
예 mǐ (米) māma (妈妈)

성모 | 순치음 f

윗니를 아랫입술에 가볍게 댔다 떼며 내는 소리. 'o'를 붙여 읽는다.

f 영어의 'f' 발음과 비슷하다.
예 fēng (风) fūfù (夫妇)

성모 | 설치음 z c s

혀끝을 윗니 뒷면에 댔다 떼면서 내는 소리. '-i[ɿ]'를 붙여 읽는다.

z 우리말의 'ㅉ'에 가까우나 혀끝을 좀 더 앞으로 당겨 발음한다.
예 zì (字) zǎozi (枣子)

c 우리말의 'ㅊ'에 가까우나 혀끝을 좀 더 앞으로 당겨 발음한다.
예 cí (词) cuīcù (催促)

s 우리말의 'ㅆ'에 가까우나 혀끝을 좀 더 앞으로 당겨 발음한다.
예 sú (俗) sānsuì (三岁)

성모 | 설첨음 d t n l

혀끝을 윗니와 윗잇몸의 경계선 정도에 댔다 떼면서 내는 소리. 'e[ɤ]'를 붙여 읽는다.

d 우리말의 'ㄸ'처럼 발음한다.
예 dōu (都) dàdì (大地)

t 우리말의 'ㅌ'처럼 발음한다.
예 tǔ (土) tōngtōng (通通)

n 우리말의 'ㄴ'처럼 발음한다.
예 nèi (内) nánnǚ (男女)

l 혀끝을 세워 잇몸에 붙이고 공기를 혀의 양측으로 배출시키면서 발음한다. 우리말 받침의 'ㄹ'에 가까운 소리이다.
예 lì (力) lǎolao (姥姥)

성모 | 권설음 zh ch sh r

혀끝을 올려 입천장(경구개)에 댔다 떼면서 내는 소리. '-i[ʅ]'를 붙여 읽는다.

zh 우리말의 'ㅈ'에 가까우나 혀의 모양이 숟가락처럼 오목하게 된다.
예 zhī (枝) zhànzhù (站住)

ch 우리말의 'ㅊ'에 가까우나 혀의 모양이 숟가락처럼 오목하게 된다.
예 chī (吃) Chángchéng (长城)

sh 혀끝을 입천장 가까이 대고 그 틈으로 공기를 마찰시켜 발음한다. 우리말의 'ㅅ'에 가까우나 혀의 모양이 숟가락처럼 오목하게 된다.
예 shī (诗) shūshu (叔叔)

r 혀끝을 입천장 가까이 대고 그 틈으로 공기를 마찰시켜 발음한다. 우리말의 'ㄹ'에 가까우나 성대가 울리며 혀의 모양이 숟가락처럼 오목하게 된다.
예 rì (日) rénrén (人人)

성모 | 설면음 j q x

혓바닥을 평평하게 펴서 입천장에 댔다가 약간 떼면서 내는 소리. 'i'를 붙여 읽는다.

j 'ㅈ'에 가까운 소리로 우리말의 '지'보다 입을 옆으로 길게 벌려 발음한다.
예 jī (鸡) jiějie (姐姐)

q 'ㅊ'에 가까운 소리로 우리말의 '치'보다 입을 옆으로 길게 벌려 발음한다.
예 qī (七) qīnqiè (亲切)

x 우리말의 'ㅅ'에 가까운 소리이지만 '시'나 '씨'로 발음되며 입을 옆으로 길게 벌려 발음해야 한다.
예 xī (西) xīnxiān (新鲜)

성모 | 설근음 g k h

혀뿌리와 입천장 안쪽의 마찰에 의해 내는 소리. 'e[ɤ]'를 붙여 읽는다.

g	우리말의 'ㄲ'에 가깝게 발음한다. 예 gē (歌) guógē (国歌)
k	우리말의 'ㅋ'에 가깝게 발음한다. 예 kè (客) kěkào(可靠)
h	우리말 '흐' 소리의 'ㅎ'에 가깝게 발음한다. 예 hé (河) huánghūn(黄昏)

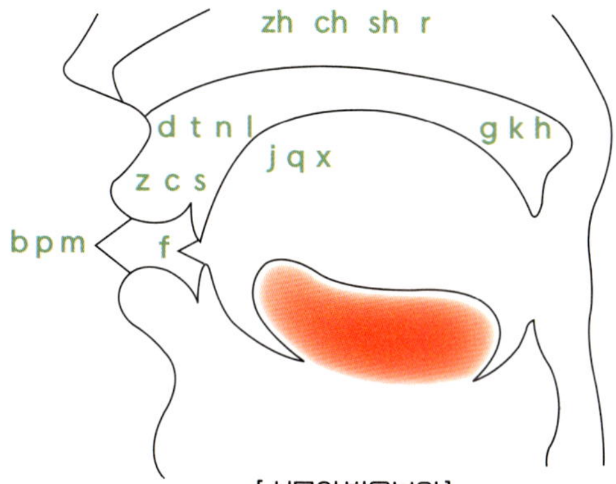

[성모의 발음부위]

2 운모

Track 2

보통화의 운모는 주로 모음으로 이루어져 있지만, 모음과 비음자음이 더해진 것도 있다.

	i	u	ü
a	ia	ua	
o		uo	
e	ie		üe
ai		uai	
ei		uei(ui)	
ao	iao		
ou	iou(iu)		
an	ian	uan	üan
en	in	uen(un)	ün
ang	iang	uang	
eng	ing	ueng	
ong	iong		
er			

운모 a o e i u ü

a 입을 최대한 크게 벌려 '아'하고 발음한다.
예 ā (啊)

o 우리말의 '오'와 '어'의 중간음에 해당하나 '오'에 좀 더 가깝게 발음한다.
예 ó (哦)

e '어'와 비슷하나 '어'만큼 입이 커지지 않고 앞에 '으'를 짧게 넣어 '으어'처럼 발음한다.
예 è (饿)

i 입을 옆으로 길게 벌려 '이'라고 발음한다.
예 yī (一)

u 입술을 동그랗게 오므려 앞으로 내밀고 '우'처럼 발음한다.
예 wǔ (五)

ü 입술을 작고 둥글게 내밀어 '위'처럼 발음하되, 입술모양을 끝까지 그대로 유지해야 한다.
예 yú (鱼)

운모 ai ei ao ou

ai '아이'라고 발음하는데 '아'는 강하고 길게 '이'는 가볍고 짧게 발음한다.
예 tài (太)

ei '에이'라고 발음하는데 '에'는 강하고 길게 '이'는 가볍고 짧게 발음한다.
예 shéi (谁)

ao '아'는 강하고 길게 '오'는 가볍고 짧게 '아오'라고 발음하지만 '오'음은 우리말의 '우'음에 가깝다.
예 gāo (高)

ou '오우'라고 발음하지만 '우'음의 영향으로 '어우'처럼 들린다.
예 gǒu (狗)

운모 an en ang eng ong

an '안'으로 발음한다.
예 kàn (看)

en '으언'으로 발음하는데 '으'는 가볍고 짧게 발음한다.
예 hěn (很)

ang '앙'으로 발음한다.
예 zhāng (张)

eng '으엉'으로 발음하는데 '으'는 가볍고 짧게 발음한다.
예 dēng (灯)

ong '옹'으로 발음한다.
예 dōng (东)

운모 ia ie iao iou(-iu) ian in iang ing iong

ia '이아'라고 발음하는데 '이'는 가볍고 짧게 발음한다.
예 jiā (家)

ie '이에'라고 발음하는데 '이'는 가볍고 짧게 발음한다.
예 jiē (街)

iao '이아오'라고 발음하는데 '이'음은 가볍고 짧게 발음한다.
예 xiǎo (小)

iou (-iu) '이오우'라고 발음하는데 '이'음은 가볍고 짧게 발음한다. 성모와 결합하면 '-iu'로 표기한다.
예 yǒu (有) liù (六)

ian '이엔'으로 발음한다. '이안'으로 발음하지 않도록 주의한다.
예 tiān (天)

in '인'으로 발음한다.
예 xìn (信)

iang '이앙'으로 발음하는데 '이'는 약하게 발음한다.
예 xiǎng (想)

ing 입술을 펴서 '이잉'으로 발음하는데 '이'는 약하게 발음한다.
예 qǐng (请)

iong '이옹'이나 '이웅'으로 발음하는데 '이'는 약하게 발음한다.
예 xiōng (兄)

운모 ua uo uai uei(-ui) uan uen(-un) uang ueng

ua 입술을 작고 둥글게 해서 '우' 하면서 '아'를 연이어 발음한다.
예 huā (花)

uo 입술을 작고 둥글게 해서 '우' 하면서 '어'를 연이어 발음한다.
예 guó (国)

uai 입술을 작고 둥글게 해 '우'를 약하게 발음하고 '아이'를 연이어 발음한다.
예 kuài (快)

uei (-ui) 입술을 작고 둥글게 해 '우'를 약하게 발음하고 '에이'를 연이어 발음한다. 성모와 결합하면 '-ui'로 표기한다.
예 wèi (未) suì (岁)

uan 입술을 작고 둥글게 해 '우'를 약하게 발음하고 '안'을 연이어 발음한다.
예 chuān (穿)

uen (-un) 입술을 작고 둥글게 해 '우'를 약하게 발음하고 '언'을 연이어 발음한다. 성모와 결합하면 '-un'로 표기한다.
예 wén (文) chūn (春)

uang 입술을 작고 둥글게 해 '우'를 약하게 발음하고 '앙'을 연이어 발음한다.
예 guāng (光)

ueng 입술을 작고 둥글게 해 '우'를 약하게 발음하고 '엉'을 연이어 발음한다.
예 wēng (翁)

운모 üe üan ün

üe 입술을 오므려 '위에'처럼 발음하는데, '위'는 입술모양을 변화시키지 않고 끝까지

유지해야 한다.

예 xuě (雪)

üan 입술을 오므려 '위엔'처럼 발음하는데, '위'는 입술모양을 변화시키지 않고 끝까지 유지해야 한다.

예 quán (全)

ün 입술을 오므려 '윈'처럼 발음하는데, 입술을 둥글게 유지해야 한다.

예 jūn (军)

운모 | 권설운모 er

er 혀끝을 입천장 안쪽으로 말아 우리말의 '얼'과 유사하게 발음하면서, 혀끝이 입천장에 닿지 않도록 주의한다.

예 èr (二) ěr (耳)

※ 꼭 알아두기!

☑ 'iou' 'uei' 'uen'은 성모와 결합할 경우 '-iu' '-ui' '-un'로 표기한다.

예 jiǔ (九) duì (对) zhǔn (准)

☑ 'i'가 단독으로 하나의 음절을 이루는 경우 'i' 앞에 'y'를 붙여주고, 'i'로 시작되는 음절인 경우에는 'i'를 'y'로 바꾸어 표기한다.

예 yī (一) yā (鸭) yǒu (有) yín (银)

☑ 'u'가 단독으로 하나의 음절을 이루는 경우 'u' 앞에 'w'를 붙여주고, 'u'로 시작되는 음절인 경우에는 'u'를 'w'로 바꾸어 표기한다.

예 wǔ (五) wǒ (我) wàn (万) wèi (位)

☑ 'ü'로 시작되는 운모로 앞에 성모가 없으면 'ü'를 'yu'로 바꾸어 표기한다.

예 yú (鱼) yuè (月) yuán (元) yún (云)

☑ 성모 'j' 'q' 'x'와 결합하는 'ü' 운모는 점을 떼고 'u'로 쓰지만 'ü'로 발음한다.

예 jūn (军) quàn (劝) xué (学)

한어병음자모배합표

운모 / 성모	1														2(i로 시작하는 운모)			
	a	o	e	-i	er	ai	ei	ao	ou	an	ang	en	eng	ong	i	ia	iao	ie
b	ba	bo				bai	bei	bao		ban	bang	ben	beng		bi		biao	bie
p	pa	po				pai	pei	pao	pou	pan	pang	pen	peng		pi		piao	pie
m	ma	mo	me			mai	mei	mao	mou	man	mang	men	meng		mi		miao	mie
f	fa	fo					fei		fou	fan	fang	fen	feng					
z	za		ze	zi		zai	zei	zao	zou	zan	zang	zen	zeng	zong				
c	ca		ce	ci		cai		cao	cou	can	cang	cen	ceng	cong				
s	sa		se	si		sai		sao	sou	san	sang	sen	seng	song				
d	da		de			dai	dei	dao	dou	dan	dang	den	deng	dong	di		diao	die
t	ta		te			tai		tao	tou	tan	tang		teng	tong	ti		tiao	tie
n	na		ne			nai	nei	nao	nou	nan	nang	nen	neng	nong	ni		niao	nie
l	la		le			lai	lei	lao	lou	lan	lang		leng	long	li	lia	liao	lie
zh	zha		zhe	zhi		zhai	zhei	zhao	zhou	zhan	zhang	zhen	zheng	zhong				
ch	cha		che	chi		chai		chao	chou	chan	chang	chen	cheng	chong				
sh	sha		she	shi		shai	shei	shao	shou	shan	shang	shen	sheng					
r			re	ri				rao	rou	ran	rang	ren	reng	rong				
j															ji	jia	jiao	jie
q															qi	qia	qiao	qie
x															xi	xia	xiao	xie
g	ga		ge			gai	gei	gao	gou	gan	gang	gen	geng	gong				
k	ka		ke			kai	kei	kao	kou	kan	kang	ken	keng	kong				
h	ha		he			hai	hei	hao	hou	han	hang	hen	heng	hong				
영성모	a	o	e		er	ai	ei	ao	ou	an	ang	en	eng	ong	yi	ya	yao	ye

						3(u로 시작하는 운모)									4(ü로 시작하는 운모)			
iou	in	ian	iang	ing	iong	u	ua	uo	uai	uei	uan	uen	uang	ueng	ü	üe	üan	ün
	bin	bian		bing		bu												
	pin	pian		ping		pu												
miu	min	mian		ming		mu												
						fu												
						zu		zuo		zui	zuan	zun						
						cu		cuo		cui	cuan	cun						
						su		suo		sui	suan	sun						
diu		dian		ding		du		duo		dui	duan	dun						
		tian		ting		tu		tuo		tui	tuan	tun						
niu	nin	nian	niang	ning		nu		nuo			nuan				nü	nüe		
liu	lin	lian	liang	ling		lu		luo			luan	lun			lü	lüe		
						zhu	zhua	zhuo	zhuai	zhui	zhuan	zhun	zhuang					
						chu	chua	chuo	chuai	chui	chuan	chun	chuang					
						shu	shua	shuo	shuai	shui	shuan	shun	shuang					
						ru	rua	ruo		rui	ruan	run						
jiu	jin	jian	jiang	jing	jiong										ju	jue	juan	jun
qiu	qin	qian	qiang	qing	qiong										qu	que	quan	qun
xiu	xin	xian	xiang	xing	xiong										xu	xue	xuan	xun
						gu	gua	guo	guai	gui	guan	gun	guang					
						ku	kua	kuo	kuai	kui	kuan	kun	kuang					
						hu	hua	huo	huai	hui	huan	hun	huang					
you	yin	yan	yang	ying	yong	wu	wa	wo	wai	wei	wan	wen	wang	weng	yu	yue	yuan	yun

3 성조

Track 3

성조는 음의 높낮이를 말하며 음절을 구성하는 필수요소이다. 표준중국어는 4개의 성조와 경성이 있으며, 성조가 다르면 단어의 뜻도 달라지므로 단어를 익힐 때는 성조를 정확하게 기억해야 한다.

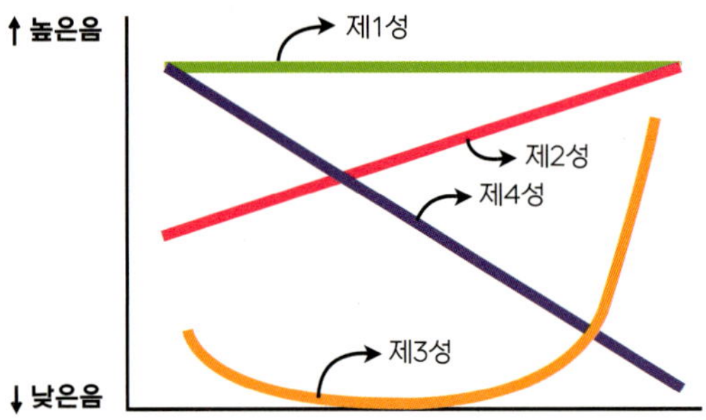

성조	표기법	발음방법	예
제1성	–	높은음으로 길고 평탄하게 끝까지 유지한다. 병원에서 진찰 시 '아' 하고 입을 벌리는 것처럼 크고 길게 소리 낸다.	gāo 高
제2성	/	중간음에서 높은음으로 단숨에 올린다. 질문에 놀라 대답하면서 '네에?'라고 할 때처럼 소리낸다.	mén 门
제3성	∨	중간음에서 낮은음으로 내렸다 다시 올린다. 뭔가를 깨달았을 때 '아～그렇구나(그랬구나)' 하는 것처럼 '아～'라고 소리 낸다.	lǎo 老
제4성	\	높은음에서 낮은음으로 강하고 빠르게 내린다. 군대에서 상사에게 대답할 때 '예' 하는 것처럼 소리 낸다.	dà 大

☑ 경성(轻声)

경성은 원래의 성조를 잃고 가볍고 짧게 발음되는 것을 말한다. 아무런 성조표시를 하지 않으며 음의 높이는 앞 음절의 성조에 따라 달라진다.

예 gēge (哥哥) yéye (爷爷) jiějie (姐姐) dìdi (弟弟)

☑ 성조표시 위치

성조표시는 모음 위에 한다. 성조부호는 a> o> e> i·u·ü 순으로 표기하며, i와 u가 함께 쓰인 경우에는 뒤에 있는 모음 위에 성조를 표기한다. 그리고 모음 i 위에 성조표시를 할 경우 위의 점은 생략한다.

예 tiān (天) dōu (都) xiè (谢) hǎo (好) jiǔ (九) duì (对)

4 성조변화

Track 4

☑ 3성의 성조변화

① 제3성 + 제3성

제3성과 제3성이 연이어 나올 경우 앞의 제3성은 제2성으로 발음한다.

예 nǐ hǎo (你好) → ní hǎo kěyǐ (可以) → kéyǐ

② 제3성 + 제1, 2, 4성, 경성

제3성 뒤에 제1, 2, 4성이나 경성이 오면 앞의 제3성은 '반3성(半三声)'으로 발음한다. 반3성은 제3성의 내려가는 앞부분만 발음하는 것을 말한다.

예 Běijīng (北京) cǎoméi (草莓) lǎodà (老大) jiějie (姐姐)

☑ '一'와 '不'의 성조변화

'一'와 '不'는 고유의 성조가 있으나 뒤에 오는 음절의 성조에 따라 높낮이가 변하게 된다.

① '一'의 성조변화

'一'가 제1, 2, 3성 앞에 오면 제4성으로 발음한다.

예 yìtiān (一天) yìnián (一年) yìdiǎn (一点)

'一'가 제4성 앞에 오면 제2성으로 발음한다.

예 yígòng (一共) yíbàn (一半)

② '不'의 성조변화

'不'가 제4성이나 제4성이 변한 경성 앞에 오면 제2성으로 발음한다.

예 búshì (不是) búqù (不去)

※ 이 책에서는 표기할 때 3성의 성조변화는 원래대로 제3성으로 표기하고, '一'와 '不'의 성조변화는 바뀐 성조로 표기한다.

| 리듬 타는 잰말놀이

Track 5

Māma qí mǎ, mǎ màn, māma mà mǎ.

妈妈骑马， 马慢， 妈妈骂马。

1

你好!

NEW 스타트! 대학중국어

발음연습

Track 6

01 성모연습 : b p m f d t n l

① bō - pō	② dè - tè	③ mǔ - nǔ	④ pá - fá
⑤ nǐ - lǐ	⑥ bà - pà	⑦ dū - tū	⑧ nǜ - lǜ

02 운모연습 : a o e i u ü

① bā - bō	② mó - mú	③ dě - dǔ	④ nì - nǜ
⑤ pǒ - pǔ	⑥ fā - fō	⑦ tè - tì	⑧ lǘ - lú

03 제1성 연습

① 1성 + 1성

cāntīng (餐厅)	dōngtiān (冬天)
fēijī (飞机)	gōngsī (公司)
jīntiān (今天)	kāfēi (咖啡)

② 1성 + 2성

bāngmáng (帮忙)	dāngrán (当然)
fēicháng (非常)	gōngyuán (公园)
huānyíng (欢迎)	jīnnián (今年)

③ **1성 + 3성**

cāochǎng (操场) dōngběi (东北)
fālěng (发冷) gāngbǐ (钢笔)
kāishǐ (开始) qiānbǐ (铅笔)

④ **1성 + 4성**

ānjìng (安静) dūshì (都市)
fānyì (翻译) gōngzuò (工作)
jīdàn (鸡蛋) jīngjù (京剧)

⑤ **1성 + 경성**(제1성이 '솔' 정도의 높이라면 제1성 뒤의 경성은 '레' 정도의 높이)

chuānghu (窗户) dōngxi (东西)
gēge (哥哥) māma (妈妈)
shūfu (舒服) tāmen (她们)

04 녹음을 듣고 각 음절에 알맞은 성모와 성조를 쓰세요.

① (　)à ② (　)ǔ ③ (　)í ④ (　)ǜ ⑤ (　)ō
⑥ dage ⑦ tili ⑧ bipo ⑨ fada ⑩ nuli

NEW 스타트! 대학중국어

회화 1

제1과 | 你好!

Track 8

维真: 你好!
Nǐ hǎo*!

山田: 你好!
Nǐ hǎo!

老师: 大家好!
Dàjiā hǎo!

学生们: 老师好!
Lǎoshī hǎo!

维真: 再见!
Zàijiàn!

山田: 再见!
Zàijiàn!

새단어

Track 7

你 nǐ	대 너, 당신 1급
好 hǎo	형 안녕하다, 좋다 1급
大家 dàjiā	대 모두, 여러분(일정한 범위 내의 모든 사람을 가리킴) 2급
老师 lǎoshī	명 선생님, 은사 1급
再见 zàijiàn	동 안녕히 계십시오(가십시오) 1급

* '3성' 성조 변화는 p27 참조

회화 2

Track 10

维真:	谢谢! Xièxie!
山田:	不*客气! Bú kèqi!

维真:	对不起! Duìbuqǐ!
山田:	没关系。 Méi guānxi.

새단어

Track 9

谢谢 xièxie	동 감사합니다 1급
不客气 bú kèqi	천만에요, 별말씀을요 1급
对不起 duìbuqǐ	미안합니다 1급
没关系 méi guānxi	괜찮습니다 1급

* '不'의 성조 변화는 p27 참조

NEW 스타트! 대학중국어

교체 연습

01 你好!

您
你们
早上

您 nín	대 '你'의 존칭	1급
你们 nǐmen	대 너희들, 당신들	1급
早上 zǎoshang	명 아침	1급

02 再见!

拜拜
一会儿*见

拜拜 báibái	동 안녕 (bye-bye)	
一*会儿 yíhuìr	잠시, 짧은 시간	1급
见 jiàn	동 만나다, 보다	1급

03 A: 谢谢! B: 不客气。

不用谢
不谢

不用谢 búyòng xiè	천만에요, 별말씀을요
不谢 bú xiè	천만에요, 별말씀을요

04 A: 对不起! B: 没关系。

不好意思 没事儿

不好意思 bùhǎoyìsi	미안하다, 쑥스럽다	2급
没事儿 méishìr	괜찮다, 대수롭지 않다	1급

*** 儿化현상**
구어에서 일부 음절은 운모에 '儿(er)'을 붙여 권설음으로 발음하기도 합니다. 이때 '儿'은 운모의 모음과 결합되어 하나의 음절로 발음되는데, 이 현상을 '儿'화 현상이라고 합니다.
예 huār(花儿), wánr(玩儿)

* '一'의 성조변화는 p27 참조

어법 포인트

인칭	단수		복수	
1인칭	我	wǒ	我们	wǒmen
2인칭	你	nǐ	你们	nǐmen
	您	nín		
3인칭	他	tā	他们	tāmen
	她	tā	她们	tāmen
	它	tā	它们	tāmen

- 단수 인칭대명사에 '-们'을 붙이면 복수가 된다.
- '您'은 '你'보다 공손한 표현으로 일반적으로 윗사람에게 쓰지만, 동년배라도 처음 만난 사람이면 쓸 수 있다.
- '您' 뒤에는 '-们'을 쓸 수 없다.

바로 확인하기

다음 인칭대명사의 복수형을 쓰세요.

① 我 → ______ ② 你 → ______

③ 他 → ______ ④ 她 → ______

연습문제

Track 11

1 녹음과 일치하는 발음에 ∨표시를 하세요.

① pā ( ) fā ( )
② nǔ ( ) lǔ ( )
③ mò ( ) mè ( )
④ lǘ ( ) lú ( )

2 녹음을 듣고 각 음절에 성조 표기를 하세요.

① po ② du ③ te
④ laoshi ⑤ ninhao ⑥ dajia
⑦ keqi ⑧ guanxi ⑨ zaijian

3 녹음을 듣고 알맞은 문장을 한어병음이나 한자로 쓰세요.

① A: 你好!
B: ______ !

② A: 再见!
B: ______ !

③ A: 谢谢!
B: ______ !

④ A: 对不起!
B: ______ 。

4 그림을 보고 대화를 완성하세요.

① A: 你好!　　B: ______ !

② A: ______ !　B: 老师好!

③ A: 再见!　　B: ______ !

④ A: ______ !　B: 没关系。

5 친구와 함께 자유롭게 대화를 나누세요.

① 헤어질 때　　② 만났을 때

③ 고마울 때　　④ 미안할 때

NEW 스타트! 대학중국어

간체자 연습

见
見 jiàn

见见见见

师
師 shī

师师师师师师

谢
謝 xiè

谢谢谢谢谢谢谢谢谢谢谢谢

气
氣 qì

气气气气

对
對 duì

对对对对对

关
關 guān

关关关关关关

중국 엿보기

인사는 시간대별로 다르게!

중국인은 우리와 다르게 시간대별로 다양한 인사법을 가지고 있어요. 아침에 만나면 早上好(zǎoshang hǎo) 또는 더 짧게 早(zǎo)라고 인사하지요. 오전 인사법은 上午好(shàngwǔ hǎo)이고요, 점심때 만나면 中午好(zhōngwǔ hǎo)라고 합니다. 오후와 저녁에는 각각 下午好(xiàwǔ hǎo), 晚上好(wǎnshang hǎo)라고 인사합니다. 잠자기 전에 '잘 자'라는 인사법으로는 晚安(wǎn'ān)이 있습니다. 중국 사람 만나면 꼭 시간대를 생각하고 인사해요!!

2

好久不见!

NEW 스타트! 대학중국어

발음연습

Track 12

01 성모연습 : g k h

① gāo - kāo	② hǒu - kǒu	③ kòng - hòng	④ héng - géng
⑤ kài - gài	⑥ kán - hán	⑦ gāng - kāng	⑧ hěi - gěi

02 운모연습 : ai ei ao ou an en ang eng ong

① kāi - kāo	② gǒu - gěi	③ hèng - hòng	④ gén - gán
⑤ háng - héng	⑥ kōu - kēi	⑦ gǒng - gěng	⑧ hài - hèi

03 제2성 연습

① 2성 + 1성

Chángjiāng (长江)	fángjiān (房间)
guójiā (国家)	míngtiān (明天)
nóngcūn (农村)	zuótiān (昨天)

② 2성 + 2성

Hánguó (韩国)	huídá (回答)
míngnián (明年)	qiánnián (前年)
tóngxué (同学)	xuéxí (学习)

③ **2성 + 3성**

báijiǔ (白酒) cídiǎn (词典)
niúnǎi (牛奶) píngguǒ (苹果)
rúguǒ (如果) yóuyǒng (游泳)

④ **2성 + 4성**

chídào (迟到) dédào (得到)
nénglì (能力) róngyì (容易)
xuéxiào (学校) zázhì (杂志)

⑤ **2성 + 경성**(제1성이 '솔' 정도의 높이라면 제2성 뒤의 경성은 '미' 정도의 높이)

biéde (别的) háizi (孩子)
nánde (男的) shénme (什么)
xuésheng (学生) yéye (爷爷)

04 녹음을 듣고 각 음절에 알맞은 성모와 성조를 쓰세요.

① ( )ǎi ② ( )òng ③ ( )ēn ④ ( )án ⑤ ( )ěng
⑥ konggao ⑦ kaiken ⑧ honghai ⑨ gaohan ⑩ kougong

회화 1

Track 14

维真: 好久不见!
Hǎo jiǔ bú jiàn!

丽丽: 好久不见!
Hǎo jiǔ bú jiàn!

你最近怎么样?
Nǐ zuìjìn zěnmeyàng?

维真: 我很好。你呢?
Wǒ hěn hǎo. Nǐ ne?

丽丽: 我也很好。
Wǒ yě hěn hǎo.

새단어

Track 13

好久不见 hǎo jiǔ bú jiàn	오랜만이다
最近 zuìjìn	명 최근, 요즈음 2급
怎么样 zěnmeyàng	대 어떠세요 2급
我 wǒ	대 나, 저 1급
很 hěn	부 아주, 매우 1급
呢 ne	조 의문을 나타냄 1급
也 yě	부 ~도(또한) 1급

회화 2

Track 16

维真、丽丽: 你好!
Nǐ hǎo!

山田: 你们好!
Nǐmen hǎo!

维真: 你最近忙吗?
Nǐ zuìjìn máng ma?

山田: 我不忙。你们呢?
Wǒ bù máng. Nǐmen ne?

维真、丽丽: 我们都很忙。
Wǒmen dōu hěn máng.

새단어

Track 15

你们 nǐmen	대 너희들, 당신들 1급
忙 máng	형 바쁘다 1급
吗 ma	조 문장 끝에 사용하여 의문을 나타냄 1급
不 bù	부 아니다 1급
都 dōu	부 모두, 다 1급

NEW
스타트! 대학중국어

교체 연습

01

你最近怎么样?

她
你爸爸妈妈

↳ A: 你最近怎么样?
B: 我很好。

她 tā 대 그녀 1급
爸爸 bàba 명 아빠 1급
妈妈 māma 명 엄마 1급

02

我很好。

还可以*
还行
还好

↳ A: 你最近好吗?
B: 我很好。

* 还可以(háikěyǐ), 还行(háixíng), 还好(háihǎo)는 모두 '(그런대로) 괜찮다'는 의미를 나타냅니다.

03

我不忙。

累
饿

↳ A: 你忙吗?
B: 我不忙。

累 lèi 형 피곤하다 1급
饿 è 형 배고프다 1급

어법 포인트

1 '吗'를 이용한 의문문

· 평서문 끝에 '吗'를 쓰면 의문문이 된다.

你饿吗?
Nǐ è ma?

他忙吗?
Tā máng ma?

你们累吗?
Nǐmen lèi ma?

바로 확인하기

'吗'를 이용해 의문문으로 바꾸세요.

① 他很好。 →

② 我们不累。 →

③ 她学习很忙。 →

学习 xuéxí 명 동 학습(하다), 공부(하다) 1급

2 '呢'를 이용한 의문문

· 명사 뒤에 '呢'를 부가하면 '~는요?'의 의미를 나타내는 의문문이 된다. 앞에 제시된 상황과 동일한 내용을 간단하게 되물어 볼 때 자주 쓴다.

我很好。你呢?
Wǒ hěn hǎo. nǐ ne?

她最近很忙。你呢?
Tā zuìjìn hěn máng. nǐ ne?

我爸爸妈妈都很好。你爸爸妈妈呢?
Wǒ bàba māma dōu hěn hǎo. Nǐ bàba māma ne?

바로 확인하기

'呢'를 이용해 다음 대화를 완성하세요.

① A: 你最近怎么样?
B: 我很好。
______? 너는?

② A: 你累吗?
B: 我不累。
______? 선생님은요?

③ A: 你爸爸忙吗?
B: 他很忙。
______? 네 아빠는?

3 '不'를 이용한 부정문

· 형용사나 동사 앞에 '不'(~이 아니다)를 쓰면 부정문이 된다.

我不累。	我不忙。	我也不饿。
Wǒ bú lèi.	Wǒ bù máng.	Wǒ yě bú è.

바로 확인하기

주어진 문장을 부정문으로 바꾸세요.

① 我很累。 →

② 他们很饿。 →

③ 我学习很忙。 →

4 형용사술어문

· 형용사가 술어인 문장으로 일반적으로 '很', '不'와 같은 부가성분과 함께 쓴다.

我很好。	她很累。	我不忙。
Wǒ hěn hǎo.	Tā hěn lèi.	Wǒ bù máng.

바로 확인하기

다음 대화를 완성하세요.

① A: 她最近怎么样?

B: 。

② A: 你饿吗?

B: 。

③ A: 你忙吗?

B: 。

연습문제

Track 17

1 녹음과 일치하는 발음에 ∨표시를 하세요.

① gāng ( )　　kāng ( )

② hěi ( )　　gěi ( )

③ hóng ( )　　héng ( )

④ kòu ( )　　kào ( )

2 녹음을 듣고 각 음절에 성조 표기를 하세요.

① gong　② hai　③ ken

④ bujian　⑤ xuexi　⑥ zuijin

⑦ nine　⑧ haihao　⑨ bumang

3 녹음을 듣고 내용에 알맞은 그림을 고르세요.

①

②

4 빈칸에 들어갈 알맞은 표현을 한어병음이나 한자로 쓰세요.

① 我______很好。

② 你学习______吗?

③ 好久______见!

④ 你______怎么样?

5 다음 대화를 완성하세요.

① A: 好久不见!

B: __________!

② A: 我很好。你呢?

B: __________。

③ A: 你最近怎么样?

B: __________。

④ A: 你学习忙吗?

B: __________。

간체자 연습

怎
zěn

怎怎怎怎怎怎怎怎怎

样
樣 yàng

样样样样样样样样样样

我
wǒ

我我我我我我我

们
們 men

们们们们们

忙
máng

忙忙忙忙忙忙

都
都 dōu

都都都都都都都都都都

NEW 스타트! 대학중국어

중국 엿보기

"你好!"와 "你好吗?"는 똑같은 인사법?

중국어를 잘 모르는 사람이 인사를 건넬 때 '你好吗?(Nǐ hǎo ma?)'라는 표현을 자주 사용하는데요, 이것은 맞는 표현일까요? 제1과에서 배웠듯이 사람을 만났을 때 주고받는 인사법은 '你好!(Nǐ hǎo!)'입니다. '你好吗?'는 의문문으로서 지인을 오랜만에 만났을 때 하는 안부 인사고요, 우리말로 번역하면 '잘 지내니?' 정도의 뜻이랍니다. 보통 '好(hǎo)' 앞에 '还(hái)'를 붙여 '你还好吗?(Nǐ hái hǎo ma?)'를 더 자주 사용하지요. 또 다른 안부 인사로는 '건강은 괜찮니?'라는 의미를 가진 '你身体还好吗?(Nǐ shēntǐ hái hǎo ma?)'가 있어요.

3

你叫什么名字?

NEW 스타트! 대학중국어

발음연습

Track 18

01 성모연습 : j q x

① jiǎn - qiǎn ② xiū - qiū ③ xún - qún ④ juàn - quàn

⑤ xiǒng - jiǒng ⑥ qīng - xīng ⑦ jiá - xiá ⑧ jiàng - qiàng

02 운모연습 : ia ie iao iou(iu) ian in iang ing iong üe üan ün

① jǐng - jiǒng ② xiē - xiā ③ qiàn - qìn ④ xué - xié

⑤ qiú - quán ⑥ jiǎo - jiǔ ⑦ xiàng - xiòng ⑧ qūn - quān

03 제3성 연습

① 3성 + 1성

Běijīng (北京) hǎochī (好吃)

jǐnzhāng (紧张) lǎoshī (老师)

xiǎoxīn (小心) zǔxiān (祖先)

② 3성 + 2성

dǎoyóu (导游) Fǎguó (法国)

Měiguó (美国) qǐchuáng (起床)

yǎnyuán (演员) zǔguó (祖国)

③ 3성 + 3성

dǎsǎo (打扫) Fǎyǔ (法语)
měihǎo (美好) shǒubiǎo (手表)
xǐzǎo (洗澡) Shǒu'*ěr (首尔)

④ 3성 + 4성

bǐsài (比赛) gǎnmào (感冒)
hǎokàn (好看) pǎobù (跑步)
tiělù (铁路) zǎofàn (早饭)

> *** 격음부호 '''**
> 음절을 구분하는 부호로, 'a, o, e'로 시작되는 음절이 다른 음절 뒤에 놓일 때 앞뒤 음절을 분명하게 구분하기 위해 사용합니다.
> 예 Tiān'ānmén(天安门), wǎn'ān(晚安)

⑤ 3성 + 경성(제1성이 '솔' 정도의 높이라면 제3성 뒤의 경성은 '파' 정도의 높이)

běnzi (本子) jiějie (姐姐) wǎnshang (晚上) yǐzi (椅子)
lǎopo (老婆) nǎinai (奶奶)

04 녹음을 듣고 각 음절에 알맞은 성모와 성조를 쓰세요.

① xinxian ② jiating ③ qiongren ④ jiandan ⑤ xiongdi
⑥ xiuxi ⑦ qiangda ⑧ xuexi ⑨ junren ⑩ qiaomen

회화 1

Track 20

王老师: 同学们好! 我姓王*, 叫王平。
Tóngxuémen hǎo! Wǒ xìng Wáng, jiào Wáng Píng.

同学们: 王老师好!
Wáng lǎoshī hǎo!

王老师: 你叫什么名字?
Nǐ jiào shénme míngzi?

维 真: 我叫金维真。
Wǒ jiào Jīn Wéizhēn.

王老师: 你呢?
Nǐ ne?

大 卫: 我叫大卫。
Wǒ jiào Dàwèi.

새단어

Track 19

同学 tóngxué	명	동창, 학우, 동급생 1급
姓 xìng	동 명	성이 ~이다, (성)씨 2급
王 Wáng	명	왕씨(성) 4급
叫 jiào	동	(이름을)~라고 부르다 1급
什么 shénme	대	무엇 1급
名字 míngzi	명	이름 1급

*** 성(姓)을 묻는 두 가지 표현법**
상대방이나 제3자의 성(姓)을 격식없이 물을 때는 '你(他/她)姓什么?'를 쓰고 상대방의 성씨를 공손히 물을 때는 '您贵(guì)姓?'을 쓴다.

회화 2

Track 22

大卫: 你好!
Nǐ hǎo!

维真: 你好!
Nǐ hǎo!

大卫: 我叫大卫。你呢?
Wǒ jiào Dàwèi. Nǐ ne?

维真: 我叫维真。
Wǒ jiào Wéizhēn.

你是哪国人?
Nǐ shì nǎ guó rén?

大卫: 我是美国人。你呢?
Wǒ shì Měiguó rén. Nǐ ne?

维真: 我是韩国人。
Wǒ shì Hánguó rén.

认识你很高兴。
Rènshi nǐ hěn gāoxìng.

大卫: 我也很高兴。
Wǒ yě hěn gāoxìng.

새단어

Track 21

是 shì	동 ~이다 1급
哪 nǎ	대 어느, 어떤 1급
国 guó	명 국가, 나라 1급
人 rén	명 사람 1급
认识 rènshi	동 알다, 인식하다 1급
高兴 gāoxìng	형 기쁘다, 즐겁다 1급
美国 Měiguó	고명 미국
韩国 Hánguó	고명 한국

NEW 스타트! 대학중국어

교체 연습

01 我叫王平。

大卫

山田

↳ A: 你叫什么名字?

B: 我叫王平。

02 我是韩国人。

中国人

日本人

↳ A: 你是哪国人?

B: 我是韩国人。

中国 Zhōngguó 고명 중국 1급

日本 Rìběn 고명 일본

03 我姓王。

张

金

↳ A: 你姓什么?

B: 我姓王。

张 Zhāng 명 장씨(성)

金 Jīn 명 김씨(성)

04 我不是老师。

学生

韩国人

↳ A: 你是老师吗?

B: 我不是老师。

学生 xuésheng 명 학생 1급

어법 포인트

1 의문대명사 '什么'

· '무엇', '무슨'의 의미로 두 가지 용법이 있다.

a '什么'는 단독으로 쓰여 사물에 대해 묻는다.

A: 你姓什么?
Nǐ xìng shénme?

B: 我姓李。
Wǒ xìng Lǐ.

b '什么'는 명사 앞에 쓰여 명사의 종류를 묻는다.

A: 你叫什么名字?
Nǐ jiào shénme míngzi?

B: 我叫王平。
Wǒ jiào Wáng Píng.

바로 확인하기

어순에 맞게 배열하여 문장을 완성하세요.

① 姓/什么/他 →

② 看/你/书/什么 →

看 kàn 동 보다 1급
书 shū 명 책 1급

2 동사술어문

· 동사가 술어가 되는 문장으로 동사 앞에 '不'를 쓰면 부정문이 된다. 목적어는 동사 뒤에 온다.

我叫大卫。 → 我不叫大卫。
Wǒ jiào Dàwèi. → Wǒ bú jiào Dàwèi.

他看电视。 → 他不看电视。
Tā kàn diànshì. → Tā bú kàn diànshì.

电视 diànshì 명 TV 1급

바로 확인하기

어순에 맞게 배열하여 문장을 완성하세요.

① 我/饭/吃 →

② 我/饭/吃/不 →

饭 fàn 명 밥 1급
吃 chī 동 먹다 1급

3 是자문

· 동사 '是'가 술어로 쓰인 문장으로, 기본구조는 [A是B]이며 'A는 B이다'의 의미를 나타낸다. 부정문은 [A不是B]이다.

我是韩国人。 Wǒ shì Hánguó rén.	→	我不是韩国人。 Wǒ bú shì Hánguó rén.
他是老师。 Tā shì lǎoshī.	→	他不是老师。 Tā bú shì lǎoshī.
他也是老师。 Tā yě shì lǎoshī.	→	他也不是老师。 Tā yě bú shì lǎoshī.

바로 확인하기

어순에 맞게 배열하여 문장을 완성하세요.

① 是/我/美国人 →

② 我/中国人/不/是 →

③ 不/也/她们/是/老师 →

연습문제

Track 23

1 녹음과 일치하는 발음에 V표시를 하세요.

① juǎn ( )　　quǎn ( )
② xùn ( )　　qùn ( )
③ xué ( )　　xié ( )
④ jīn ( )　　jūn ( )

2 녹음을 듣고 한어병음을 쓰세요.

① ________ ② ________ ③ ________
④ ________ ⑤ ________ ⑥ ________
⑦ ________ ⑧ ________ ⑨ ________

3 녹음을 듣고 질문에 알맞은 대답을 연결하세요.

① ____________________　　ⓐ 我是美国人。
② ____________________　　ⓑ 我也很高兴。
③ ____________________　　ⓒ 我叫大卫。
④ ____________________　　ⓓ 王老师好!

4 빈칸에 들어갈 알맞은 표현을 한어병음이나 한자로 쓰세요.

① 你叫______名字?

② 我______王。

③ 你是______国人?

④ ______你很高兴。

5 다음 대화를 완성하세요.

① A: __________?

B: 我叫金维真。

② A: 我姓王。你呢?

B: __________。

③ A: 认识你很高兴。

B: __________。

④ A: __________?

B: 我是韩国人。

간체자 연습

学
學 xué

学学学学学学学学

韩
韓 hán

韩韩韩韩韩韩韩韩韩韩韩韩

国
國 guó

国国国国国国国国

认
認 rèn

认认认认

识
識 shí

识识识识识识识

兴
興 xìng

兴兴兴兴兴兴

NEW 스타트! 대학중국어

중국 엿보기

중국의 성씨 활용법

현재 중국에서 사용하는 성씨는 대략 7천여 개입니다. 그중 Top 10을 살펴보면, 李, 王, 张, 刘, 陈, 杨, 赵, 黄, 周, 吴 순이에요. 중국 사람들은 상대방을 부를 때 성을 자주 활용하는데요, 공식적인 자리에서 상대방이 남성인 경우에는 성+先生(xiānsheng), 여성인 경우에는 성+女士(nǚshì)로 부른답니다. 예를 들면, 李先生(Lǐ xiānsheng), 王女士(Wáng nǚshì)처럼요. 만약 상대방의 직업이나 직위를 안다면 李老师(Lǐ lǎoshī), 王总理(Wáng zǒnglǐ)와 같이 성+직업, 직위를 사용할 수도 있어요. 그리고 사적으로 편하고 친한 사이일 때에는 연령대에 따라 호칭이 달라져요. 상대방이 20, 30대로 자신보다 나이가 적을 때는 小(xiǎo)+성을, 중장년층끼리는 서로 老(lǎo)+성을 붙여 상대를 부르죠. 우리가 중국 드라마에서 자주 듣는 小李(Xiǎo Lǐ), 老王(Lǎo Wáng)이 바로 여기에 속하는 예랍니다. 중국어에서 성씨 묻는 표현이 왜 중요한지 이제 알겠죠?

4

我家有四口人。

가족 관계

爷爷 yéye 할아버지
奶奶 nǎinai 할머니

外公 wàigōng 외할아버지
外婆 wàipó 외할머니

哥哥 gēge 형/오빠
姐姐 jiějie 누나/언니

爱人 àiren 남편/아내/배우자
爸爸 bàba 아버지
妈妈 māma 어머니

弟弟 dìdi 남동생
妹妹 mèimei 여동생

儿子 érzi 아들
女儿 nǚ'ér 딸

NEW 스타트! 대학중국어

발음연습

Track 24

01 성모연습 : z c s zh ch sh r

① zuǐ - zhuǐ ② suān - shuān ③ cún - chún ④ zuò - ruò

⑤ shī - sī ⑥ zhū - chū ⑦ shì -rì ⑧ chuāng - cuān

02 운모연습 : ua uo uai uei(ui) uan uen(un) uang ueng

① chuái - chuí ② shuān - shūn ③ ruàn - rùn ④ zhuǎ - zhuǒ

⑤ chūn - chuān ⑥ suǒ - suǎn ⑦ shuì -shuài ⑧ chuáng - chún

03 제4성 연습

① 4성 + 1성

càidān (菜单) diàndēng (电灯)

fàngxīn (放心) miànbāo (面包)

wànyī (万一) xiàtiān (夏天)

② 4성 + 2성

dàxué (大学) fùxí (复习)

miàntiáo (面条) qùnián (去年)

xìngfú (幸福) zànchéng (赞成)

③ **4성 + 3성**

dàibiǎo (代表)　fànguǎn (饭馆)
hàomǎ (号码)　mòshuǐ (墨水)
Rìběn (日本)　zìdiǎn (字典)

④ **4성 + 4성**

diànhuà (电话)　fàndiàn (饭店)
jièshào (介绍)　shùnlì (顺利)
xiànzài (现在)　wànsuì (万岁)

⑤ **4성 + 경성**(제1성이 '솔' 정도의 높이라면 제4성 뒤의 경성은 '도' 정도의 높이)

bàba (爸爸)　dìdi (弟弟)
kùzi (裤子)　mèimei (妹妹)
piàoliang (漂亮)　xièxie (谢谢)

04 녹음을 듣고 각 음절에 알맞은 성모와 성조를 쓰세요.

① zuichun　② chuangshang　③ suibian　④ chuntian　⑤ shuijiao
⑥ rongzhong　⑦ zhuazhu　⑧ shuaijiao　⑨ cuiruo　⑩ ruanruo

회화 1

Track 26

大卫: 这是什么?
Zhè shì shénme?

维真: 这是我家的全家福。
Zhè shì wǒ jiā de quánjiāfú.

大卫: 啊, 你家有四口人。
Ā, nǐ jiā yǒu sì kǒu rén.

维真: 是的*, 爸爸、妈妈、哥哥和我。
Shìde, bàba、māma、gēge hé wǒ.

你家有几口人?
Nǐ jiā yǒu jǐ kǒu rén?

大卫: 我家有五口人。
Wǒ jiā yǒu wǔ kǒu rén.

维真: 都*有什么人?
Dōu yǒu shénme rén?

大卫: 爸爸、妈妈、两个姐姐和我。
Bàba、māma、liǎng ge jiějie hé wǒ.

새단어

Track 25

这 zhè	대 이것 1급
家 jiā	명 가정, 집 1급
的 de	조 소유 관계를 나타낼 때 쓰임
全家福 quánjiāfú	명 가족사진
啊 a	감 명백하게 알았다는 뜻을 나타냄 2급
有 yǒu	동 있다 1급
四 sì	수 넷 1급
口 kǒu	양 식구를 셀 때 쓰임 1급
哥哥 gēge	명 형, 오빠 1급
和 hé	접 ~와, ~과 1급
几 jǐ	수 몇(주로 10 미만의 확실하지 않은 수를 물을 때 쓰임) 1급
五 wǔ	수 다섯 1급
两 liǎng	수 둘 1급
个 ge	양 개, 명 1급
姐姐 jiějie	명 누나, 언니 1급

* "对!"와 유사한 표현으로 상대방의 말을 긍정할 때 사용합니다. 우리말로는 "네, 맞아요!" 정도로 해석하면 됩니다.
* 都는 '모두', '다'를 나타내는 총괄부사로서 일반적으로 그 앞에 놓인 명사가 복수형태를 취하지만, 경우에 따라서는 뒤에 놓인 명사가 복수형태를 취하거나 혹은 복수형태가 아니라도 의미상 복수의 의미를 나타낼 수 있습니다.

예 他们都是学生。 vs 你家都有什么人?
你都有哪些书?

회화 2

Track 28

大卫: 你姐姐今年多大?
Nǐ jiějie jīnnián duō dà?

山田: 二十七岁。
Èr shí qī suì.

大卫: 她做什么工作?
Tā zuò shénme gōngzuò?

山田: 她是小学老师。你有姐姐吗?
Tā shì xiǎoxué lǎoshī. Nǐ yǒu jiějie ma?

大卫: 我有两个姐姐, 大姐是公司职员, 二姐是大学生。
Wǒ yǒu liǎng ge jiějie, dàjiě shì gōngsī zhíyuán, èrjiě shì dàxuéshēng.

새단어

Track 27

今年 jīnnián	명 금년, 올해 1급
多 duō	대 얼마나 1급
大 dà	형 크다 1급
岁 suì	양 세, 살(나이를 세는 단위) 1급
做 zuò	동 하다 1급
工作 gōngzuò	동 명 일, 일하다 1급
小学 xiǎoxué	명 초등학교 1급
大姐 dàjiě	명 맏누이, 큰언니
公司 gōngsī	명 회사 2급
职员 zhíyuán	명 직원, 사무원
二姐 èrjiě	명 둘째 누나, 둘째 언니
大学生 dàxuéshēng	명 대학생 1급

NEW
스타트! 대학중국어

단문연습

Track 29

01 这是维真家的全家福。她家有四口人，爸爸、妈妈、哥哥和她。

Zhè shì Wéizhēn jiā de quánjiāfú. Tā jiā yǒu sì kǒu rén, bàba、 māma、 gēge hé tā.

02 大卫有两个姐姐，大姐是公司职员，二姐是大学生。

Dàwèi yǒu liǎng ge jiějie, dàjiě shì gōngsī zhíyuán, èrjiě shì dàxuéshēng.

교체 연습

汉语 Hànyǔ 명 중국어 1급
手机 shǒujī 명 핸드폰 1급

01

这是我家的全家福。

他的汉语书
她的手机

↳ A: 这是什么?
B: 这是我家的全家福。

02

27岁。

19岁
30岁

↳ A: 你姐姐今年多大?
B: 27岁。

公务员 gōngwùyuán 명 공무원 3급

03

她是小学老师。

公司职员
公务员

↳ A: 她做什么工作?
B: 她是小学老师。

NEW 스타트! 대학중국어

어법 포인트

1 구조조사 '的'

· 소유 관계를 나타낼 때 '的'를 쓴다.

我家的全家福
wǒ jiā de quánjiāfú

他的手机
tā de shǒujī

· 수식 받는 명사가 가족이나 친구 또는 소속기관을 나타낼 경우에는 '的'를 생략한다.

我爸爸
wǒ bàba

我朋友
wǒ péngyou

我们学校
wǒmen xuéxiào

我们公司
wǒmen gōngsī

> 朋友 péngyou 명 친구 1급
> 学校 xuéxiào 명 학교 1급

바로 확인하기

다음 중에 '的'를 반드시 써야 하는 것을 고르세요.

① 他______姐姐

② 我们______学校

③ 她______书

④ 我______朋友

2 수사

· 수를 나타낸다.

1
一(yī)

2
二(èr)

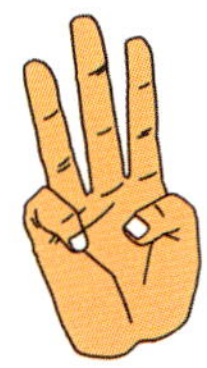

3
三(sān)

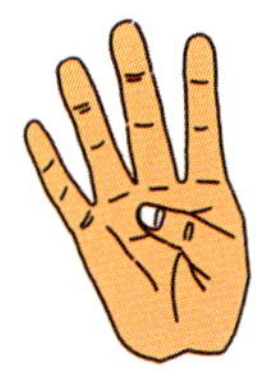

4
四(sì)

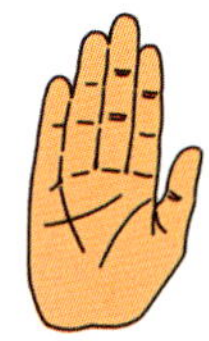

5
五(wǔ)

6
六(liù)

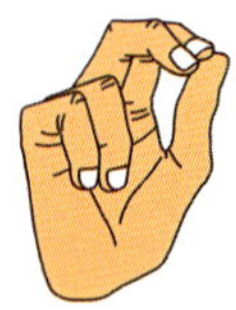

7
七(qī)

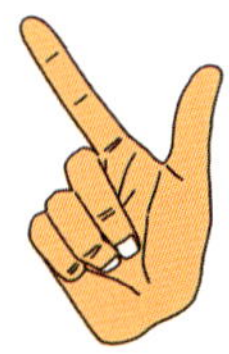

8
八(bā)

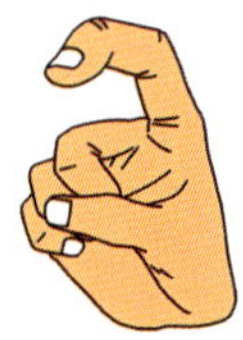

9
九(jiǔ)

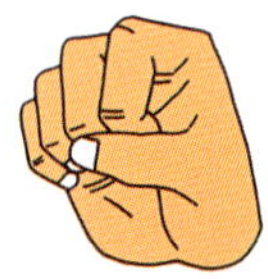

10
十(shí)

20	30	40	50	60	70
二十	三十	四十	五十	六十	七十
èrshí	sānshí	sìshí	wǔshí	liùshí	qīshí

80	90	100	1000	10000	0
八十	九十	一百	一千	一万	零
bāshí	jiǔshí	yìbǎi	yìqiān	yíwàn	líng

바로 확인하기

다음 숫자를 중국어로 읽어보세요.

① 12 → ② 98 → ③ 120 → ④ 164 →

3 양사

· 명사를 세는 단위로 [수사+양사+명사] 형태를 취한다.

一个人	三口人	四杯咖啡	三瓶啤酒	五本书	一件衣服
yí ge rén	sān kǒu rén	sì bēi kāfēi	sān píng píjiǔ	wǔ běn shū	yí jiàn yīfu

· 양사 앞에 숫자 2는 '二' 대신 '两(liǎng)'을 쓴다.

两个人
liǎng ge rén

两本书
liǎng běn shū

단, 양사가 도량형 단위일 경우 '二'을 쓸 수도 있다.

两斤 (o)
liǎng jīn

二斤 (o)
èr jīn

杯 bēi — 양 잔 1급
咖啡 kāfēi — 명 커피 3급
瓶 píng — 양 병 2급
啤酒 píjiǔ — 명 맥주 3급
本 běn — 양 권 1급
斤 jīn — 양 근 2급
件 jiàn — 양 벌, 건 2급
衣服 yīfu — 명 옷 1급

바로 확인하기

다음 빈칸에 알맞은 양사를 쓰세요.

① 一______咖啡
② 三______书
③ 两______啤酒
④ 四______人

4 의문사 '几'

· 10 미만의 수를 물을 때 쓴다. 일반적으로 [几+양사+명사] 형태를 취한다.

A: 你家有几口人?
Nǐ jiā yǒu jǐ kǒu rén?

B: 我家有四口人。
Wǒ jiā yǒu sì kǒu rén.

A: 你有几个妹妹?
Nǐ yǒu jǐ ge mèimei?

B: 我有两个妹妹。
Wǒ yǒu liǎng ge mèimei.

妹妹 mèimei — 명 여동생 1급

· 10 이상의 수를 물을 때는 '多少'를 쓰며 양사는 생략할 수 있다.

A: 你们学校有多少(个)学生?
Nǐmen xuéxiào yǒu duōshao (ge) xuésheng?

B: 我们学校有100个学生。
Wǒmen xuéxiào yǒu yì bǎi ge xuésheng.

바로 확인하기

어순에 맞게 배열하여 문장을 완성하세요.

① 买 / 本 / 你 / 书 / 几 →

② 几 / 个 / 吃 / 你 / 苹果 →

③ 有 / 你们系 / 学生 / 多少 →

买 mǎi	동 사다	1급
系 xì	명 학과	3급
苹果 píngguǒ	명 사과	3급

5 多＋단음절 형용사

· '얼마나 ~한가?'의 의미를 나타내는 의문문이다.

A: 你今年多大?
Nǐ jīnnián duō dà?

B: 二十。
Èr shí.

A: 你多高?
Nǐ duō gāo?

B: 一米六。
Yì mǐ liù.

高 gāo	형 높다	1급
米 mǐ	양 미터	2급

바로 확인하기

어순에 맞게 배열하여 문장을 완성하세요.

① 哥哥 / 多 / 今年 / 大 / 你 →

② 姐姐 / 高 / 你 / 多 →

6 나이 묻는 표현

· 상대방의 나이에 따라 묻는 표현이 달라진다.

· 구어체에서 10세 이하는 나이 뒤에 반드시 양사 '岁'를 붙여야 하지만 11세부터는 자주 생략하고 말한다.

· 어린이에게 나이 묻는 표현

A: 你几岁?
Nǐ jǐ suì?

B: 六岁。
Liù suì.

· 동년배 또는 아랫사람에게 나이 묻는 표현

A: 你多大?
Nǐ duō dà?

B: 二十三(岁)。
Èr shí sān(suì).

· 어르신께 연세 묻는 표현

A: 您多大年纪(岁数)? Nín duō dà niánjì(suìshù)?

B: 六十(岁)。 Liù shí (suì).

· 띠를 묻는 표현

A: 你属什么? Nǐ shǔ shénme?

B: 我属猪。 Wǒ shǔ zhū.

바로 확인하기

대답을 보고 A에 들어갈 알맞은 질문을 만드세요.

① A: ______ B: 今年五十五。

② A: ______ B: 八岁。

연습문제

Track 30

1 녹음과 일치하는 발음에 ∨표시를 하세요.

① zuǎn ( ) zhuǎn ( )
② chuī ( ) cuī ( )
③ chún ( ) chuán ( )
④ shuì ( ) shuài ( )

2 녹음을 듣고 한어병음을 쓰세요.

① ______ ② ______ ③ ______
④ ______ ⑤ ______ ⑥ ______
⑦ ______ ⑧ ______ ⑨ ______

3 녹음을 듣고 질문에 알맞은 대답을 연결하세요.

① ____________ ⓐ 爸爸、妈妈、哥哥和我。
② ____________ ⓑ 22岁。
③ ____________ ⓒ 我家有五口人。
④ ____________ ⓓ 我是公司职员。

4 빈칸에 들어갈 알맞은 표현을 한어병음이나 한자로 쓰세요.

① 我家有四______人。

② 妈妈、两个姐姐______我。

③ 你______ 什么工作?

④ 你今年______大?

5 질문에 알맞은 대답을 하면서 대화를 완성하세요.

① 你家有几口人?

② 你家都有什么人?

③ 你今年多大?

④ 你做什么工作?

간체자 연습

这
這 zhè

这这这这这这这

什
shén

什什什什

妈
媽 mā

妈妈妈妈妈妈

岁
歲 suì

岁岁岁岁岁岁

职
職 zhí

职职职职职职职职职职职

员
員 yuán

员员员员员员员

NEW 스타트! 대학중국어

중국 엿보기

숫자 8에 대한 무한 애정

중국인들이 가장 좋아하는 숫자는 8인데요, 그 이유는 숫자 8의 발음인 bā가 '부자가 되다'는 뜻의 '发财(fācái)'의 '发(fā)'와 발음이 비슷하기 때문입니다. 이처럼 숫자 8에 대한 무한 애정은 실생활 곳곳에서 확인할 수 있는데요, 대표적인 예로는 자동차 번호 경매와 휴대폰 번호 구매할 때입니다. 8이 포함된 경우에는 무조건 프리미엄이 붙지요. 우리가 기억하는 베이징올림픽 개막식이 2008년 8월 8일 저녁 8시 8분에 개최된 것도 절대 우연은 아니겠죠? 중국 사람들은 8 이외에 또 어떤 숫자를 좋아할까요?

11월 11일은 光棍节(Guānggùnjié)

중국에서는 매년 11월 11일을 光棍节(Guānggùnjié)라고 부릅니다. 솔로의 날, 독신자의 날이란 뜻이죠. 홀아비, 독신남 또는 애인이 없는 사람을 뜻하는 光棍(guānggùn)을 숫자 1에 비유한 중국인들은 1의 개수에 따라 1월 1일은 小光棍节(Xiǎoguānggùnjié), 1월 11일과 11월 1일은 中光棍节(Zhōngguānggùnjié), 11월 11일은 大光棍节(Dàguānggùnjié)라고 불러요. 1990년대 난징대학에서 시작된 光棍节는 2009년 중국의 대표 전자 상거래 업체가 온라인 쇼핑 행사를 진행하면서 미국의 블랙 프라이데이와 같은 중국의 최대 쇼핑 시즌을 나타내기도 한답니다.

73세, 84세는 인생의 최대 고비

중국에는 "73세, 84세는 염라대왕이 청하지 않아도 스스로 간다.[七十三, 八十四, 阎王不请自己去]"라는 속담이 있어요. 73세와 84세는 각각 공자(孔子)와 맹자(孟子)가 사망한 나이로, 중국인이 추앙하는 성인조차도 넘기지 못한 나이이기 때문에 중국인들은 이 시기를 인생 최대의 고비라고 여긴답니다. 그래서 오늘날까지도 중국 노인들은 73세와 84세가 되는 해를 각별히 주의하지요.

5

我喜欢学汉语。

NEW 스타트! 대학중국어

회화 1

제5과 | 我喜欢学汉语。

Track 32

大卫: 你在哪所大学学习?
Nǐ zài nǎ suǒ dàxué xuéxí?

维真: 庆北大学。
Qìngběi Dàxué.

大卫: 你学什么专业?
Nǐ xué shénme zhuānyè?

维真: 我上中文系。
Wǒ shàng Zhōngwén xì.

大卫: 你上几年级?
Nǐ shàng jǐ niánjí?

维真: 大二*。
Dà èr.

새단어

Track 31

在 zài	전 ~에 1급
所 suǒ	양 학교, 병원 등을 세는 양사 3급
大学 dàxué	명 대학 1급
学习 xuéxí	동명 공부(하다) 1급
学 xué	동 배우다, 공부하다 1급
专业 zhuānyè	명 전공 3급
上 shàng	동 (~학교나 학과에) 다니다 1급
中文 Zhōngwén	명 중국어, 중국의 언어와 문자 1급
系 xì	명 학과 3급
年级 niánjí	명 학년 2급
庆北大学 Qìngběi Dàxué	고명 경북대학교

* '大二'은 '大学二年级(대학교 2학년)'의 약칭입니다. 중국어는 이런 약칭이 많이 쓰입니다.

회화 2

Track 34

维真: 你喜欢学汉语吗?
Nǐ xǐhuan xué Hànyǔ ma?

大卫: 喜欢。
Xǐhuan.

维真: 汉语难不难?
Hànyǔ nán bu nán?

大卫: 不难。我觉得汉语很有意思。
Bù nán. Wǒ juéde Hànyǔ hěn yǒu yìsi.

你喜欢做什么?
Nǐ xǐhuan zuò shénme?

维真: 我喜欢看中国电影。
Wǒ xǐhuan kàn Zhōngguó diànyǐng.

大卫: 太巧了*, 我也喜欢看中国电影。
Tài qiǎo le, wǒ yě xǐhuan kàn Zhōngguó diànyǐng.

새단어

Track 33

喜欢 xǐhuan	동 좋아하다 1급
汉语 Hànyǔ	명 한어, 중국어 1급
难 nán	형 어렵다, 곤란하다 1급
觉得 juéde	동 ~라고 여기다, 생각하다 1급
有意思 yǒu yìsi	재미있다 2급
看 kàn	동 보다 1급
中国 Zhōngguó	명 중국 1급
电影 diànyǐng	명 영화 1급
太 tài	부 몹시, 너무 1급
巧 qiǎo	형 공교롭다, 교묘하다 3급

* '太'는 정도가 높음을 나타내는 부사로 문장 끝에 '了'와 함께 자주 쓰입니다.

NEW 스타트! 대학중국어

단문연습

Track 35

01 维真在庆北大学学习。她是中文系二年级的学生。

Wéizhēn zài Qìngběi Dàxué xuéxí. Tā shì Zhōngwén xì èr niánjí de xuésheng.

02 大卫喜欢学汉语，他觉得汉语不难，很有意思。维真和大卫都很喜欢看中国电影。

Dàwèi xǐhuan xué Hànyǔ, tā juéde Hànyǔ bù nán, hěn yǒu yìsi. Wéizhēn hé Dàwèi dōu hěn xǐhuan kàn Zhōngguó diànyǐng.

교체 연습

北京大学 Běijīng Dàxué	고명	베이징대학교
清华大学 Qīnghuá Dàxué	고명	칭화대학교

01 我在庆北大学学习。

北京大学
清华大学

↳ A: 你在哪所大学学习?
B: 我在庆北大学学习。

历史 lìshǐ	명	역사 4급
计算机 jìsuànjī	명	컴퓨터 2급

02 我上中文系。

历史
计算机

↳ A: 你学什么专业?
B: 我上中文系。

听 tīng	동	듣다 1급
音乐 yīnyuè	명	음악 2급

03 我喜欢看电影。

看书
听音乐

↳ A: 你喜欢做什么?
B: 我喜欢看电影。

04 你忙不忙?

累　累
高兴　高兴

↳ A: 你忙不忙?
B: 我不忙。

NEW 스타트! 대학중국어

어법 포인트

1 전치사 '在'

· 장소를 나타낼 때 전치사 '在'를 쓴다. 문장 내 순서는 [주어+在+장소+술어]로 '~에서 ~을 하다'의 의미를 나타낸다.

A: 你在哪所大学学习?
Nǐ zài nǎ suǒ dàxué xuéxí?

B: 我在庆北大学学习。
Wǒ zài Qìngběi Dàxué xuéxí.

A: 他在哪儿工作?
Tā zài nǎr gōngzuò?

B: 他在银行工作。
Tā zài yínháng gōngzuò.

· '在'는 '~에 있다'는 의미의 동사 용법도 있다.

A: 你在哪儿?
Nǐ zài nǎr?

B: 我在图书馆。
Wǒ zài túshūguǎn.

哪儿 nǎr	대 어디	1급
银行 yínháng	명 은행	2급
图书馆 túshūguǎn	명 도서관	1급

바로 확인하기

어순에 맞게 배열하여 문장을 완성하세요.

① 她 / 学习 / 图书馆 / 在 →

② 哪儿 / 吃 / 在 / 你 / 饭 →

2 의문대명사 '哪'

· '哪'는 '어느', '어떤'의 의미로, 양사 앞에 쓰여 여러 사람이나 사물 가운데 하나를 묻는다.

A: 你是哪国人?
Nǐ shì nǎ guó rén?

B: 我是韩国人。
Wǒ shì Hánguó rén.

A: 你喜欢哪本书?
Nǐ xǐhuan nǎ běn shū?

B: 我喜欢这本书。
Wǒ xǐhuan zhè běn shū.

바로 확인하기

어순에 맞게 배열하여 문장을 완성하세요.

① 哪 / 她 / 人 / 国 / 是 →

② 喜欢 / 你 / 个 / 吃 / 哪 →

3 정반의문문

· 술어로 쓰이는 동사나 형용사의 긍정형과 부정형을 나란히 배열하면 정반의문문이 된다.

A: 你是不是大邱人?
Nǐ shì bu shì Dàqiū rén?

B: 我不是大邱人。
Wǒ bú shì Dàqiū rén.

A: 汉语难不难?
Hànyǔ nán bu nán?

B: 汉语不难。
Hànyǔ bù nán.

大邱 Dàqiū 고명 대구

바로 확인하기

어순에 맞게 배열하여 문장을 완성하세요.

① 是 / 她 / 韩国人 / 不是 →

② 姐姐 / 有 / 你 / 没有 →

③ 不忙/ 最近 / 忙 / 他 →

NEW 스타트! 대학중국어

연습문제

Track 36

1 녹음을 듣고 질문에 알맞은 대답을 연결하세요.

① ______________ ⓐ 我上历史系。

② ______________ ⓑ 我喜欢看电影。

③ ______________ ⓒ 汉语不难。

④ ______________ ⓓ 我在庆北大学学习。

2 녹음을 듣고 맞으면 O, 틀리면 X 하세요.

① 我在北京大学学习。（　）

② 我上大三。（　）

③ 我学习汉语。（　）

④ 我喜欢看中国电影。（　）

3 빈칸에 들어갈 알맞은 표현을 한자로 쓰세요.

① 你在哪 ______ 大学学习?

② 汉语难 ______ 难?

③ 我 ______ 汉语很有意思。

④ 你 ______ 做什么?

4 아래에 제시된 단어들을 참고하여, 옆 사람과 <보기>처럼 대화해 보세요.

<보기>

A: 你在哪所大学学习?

B: 我在庆北大学学习。

A: 你学什么专业?

B: 我上中文系。

A: 你喜欢做什么?

B: 我喜欢看电影。

① 北京大学 / 历史系 / 听音乐

② 清华大学 / 计算机系 / 看中国电影

5 자신의 상황에 맞게 질문에 답하세요.

① 你在哪所大学学习?

② 你学什么专业?

③ 你上几年级?

④ 你喜欢做什么?

NEW 스타트! 대학중국어

간체자 연습

哪 nǎ	哪哪哪哪哪哪哪哪哪
庆 慶 qìng	庆庆庆庆庆庆
级 級 jí	级级级级级级
欢 歡 huān	欢欢欢欢欢欢
汉 漢 hàn	汉汉汉汉汉
难 難 nán	难难难难难难难难难难

중국 엿보기

중국 대학 생활에는 특별한 것이 있다!

우리나라 대학은 3월에 신입생이 입학하지만, 중국은 9월에 입학을 합니다. 9월 학기가 1학기인 셈이죠. 학생들 대부분이 기숙사에서 생활하기 때문에 입학할 즈음에는 캐리어를 끌고 오는 학생들로 학교가 붐벼요. 수강 신청도 우리나라는 필수과목을 제외하고는 학생들의 자율에 맡기는 데 반해 중국은 학과에서 여러 반(班 bān)으로 나누어 반별로 시간표를 배정하죠. 가장 특별한 점은 대학 신입생은 예외 없이 군사훈련(军训 jūnxùn)을 받는다는 거예요. 학교마다 조금씩 다르지만 보통 9월 초에 약 2주간 진행되는데, 최근 몇몇 대학교에서는 무더운 날씨로 인해 2학기가 시작되는 3월에 실시하는 경우도 있다고 하네요.

학교 운동장에서 군사훈련 받고 있는 중국 대학 신입생

6

现在几点?

회화 1

Track 38

大卫: 现在几点?
Xiànzài jǐ diǎn?

山田: 七点二十分。
Qī diǎn èr shí fēn.

大卫: 我们去吃早饭吧。
Wǒmen qù chī zǎofàn ba.

山田: 不好意思, 我今天早上八点有课, 没时间。
Bùhǎoyìsi, wǒ jīntiān zǎoshang bā diǎn yǒu kè, méi shíjiān.

大卫: 你什么时候下课?
Nǐ shénme shíhou xiàkè?

山田: 差一刻十二点。
Chà yí kè shí èr diǎn.

大卫: 那*我们一起吃午饭, 怎么样?
Nà wǒmen yìqǐ chī wǔfàn, zěnmeyàng?

山田: 好啊*!
Hǎo a!

새단어

Track 37

단어	병음	품사	뜻	급수
现在	xiànzài	명	지금, 현재	1급
点	diǎn	명	시	1급
分	fēn	명	양 분	1급
去	qù	동	가다	1급
吃	chī	동	먹다	1급
早饭	zǎofàn	명	아침밥	1급
吧	ba	조	문장 끝에 쓰여 상의, 제의 등의 어기를 나타냄	1급
不好意思	bùhǎoyìsi		미안하다, 쑥스럽다	2급
今天	jīntiān	명	오늘	1급
早上	zǎoshang	명	아침	1급
课	kè	명	수업	1급
没	méi	동	없다	1급
时间	shíjiān	명	시간	1급
什么时候	shénme shíhou		언제	1급
下课	xiàkè	동	수업을 마치다	1급
差	chà	동	부족하다, 모자라다	1급
刻	kè	양	15분	2급
那	nà	접	그러면, 그렇다면	2급
一起	yìqǐ	부	같이, 함께	1급
午饭	wǔfàn	명	점심(밥)	1급

* '那'는 '那么(nàme)'로 표현할 수도 있습니다.
* '啊'는 어기조사로 여기서는 긍정, 찬성의 어기를 나타냅니다. 경성으로 읽습니다.

회화 2

Track 40

维真: 明天你有时间吗?
Míngtiān nǐ yǒu shíjiān ma?

山田: 明天从上午十点到下午两点半都有课。
Míngtiān cóng shàngwǔ shí diǎn dào xiàwǔ liǎng diǎn bàn dōu yǒu kè.

维真: 两点半以后呢?
Liǎng diǎn bàn yǐhòu ne?

山田: 没什么安排。你有什么*事儿吗?
Méi shénme ānpái. Nǐ yǒu shénme shìr ma?

维真: 明天晚上有场足球比赛,
Míngtiān wǎnshang yǒu chǎng zúqiú bǐsài,
我们一起去看吧。
wǒmen yìqǐ qù kàn ba.

山田: 行! 下课后我去找你。
Xíng! Xiàkè hòu wǒ qù zhǎo nǐ.

새단어

Track 39

明天 míngtiān	명 내일 1급
从~到~ cóng~dào~	~부터~까지
上午 shàngwǔ	명 오전 1급
下午 xiàwǔ	명 오후 1급
半 bàn	수 반, 절반 1급
以后 yǐhòu	명 이후 2급
安排 ānpái	명 동 안배(하다), 마련(하다) 3급
事(儿) shì(r)	명 일, 사건 1급
晚上 wǎnshang	명 저녁, 밤 1급
场 chǎng	양 (문예, 오락, 체육 활동에서) 회, 번, 차례 2급
足球 zúqiú	명 축구, 축구공 3급
比赛 bǐsài	명 동 시합(하다) 3급
行 xíng	동 좋다, 되다 1급
后 hòu	명 뒤, 후 1급
找 zhǎo	동 찾다 1급

* 여기서는 什么가 '무슨', '어떤'의 의미로 해석되지만 의문사가 아닙니다. 명사 앞에 쓰여 어감을 부드럽게 해 주는 역할을 합니다.

NEW 스타트! 대학중국어

단문연습

Track 41

01 山田今天早上八点有课, 没有时间和大卫一起吃早饭。

Shāntián jīntiān zǎoshang bā diǎn yǒu kè, méiyǒu shíjiān hé Dàwèi yìqǐ chī zǎofàn.

下课后, 他们一起吃午饭。

Xiàkè hòu, tāmen yìqǐ chī wǔfàn.

02 山田明天两点半以后没有课，他打算和维真一起去看足球比赛。

Shāntián míngtiān liǎng diǎn bàn yǐhòu méiyǒu kè，tā dǎsuàn hé Wéizhēn yìqǐ qù kàn zúqiú bǐsài.

打算 dǎsuàn 동 명 ~하려고 하다, ~할 작정이다, 생각, 계획 2급

교체 연습

01

七点二十分。

九点一刻
十一点半

↳ A: 现在几点?
B: 七点二十分。

回家 huíjiā	집으로 돌아가다(오다) 귀가하다 1급

02

你什么时候下课?

回家
去图书馆

↳ A: 你什么时候下课?
B: 下午六点。

食堂 shítáng	명 구내식당 1급
喝 hē	동 마시다 1급

03

我们去看电影吧。

去喝咖啡
去食堂吃饭

↳ A: 我们去看电影吧。
B: 好啊!

周末 zhōumò	명 주말 2급

04

明天你有时间吗?

周末
晚上

↳ A: 明天你有时间吗?
B: 对不起, 最近我很忙。

NEW 스타트! 대학중국어

어법 포인트

1 시간표현

· 点(시), 分(분), 刻(15분), 半(30분, 반), 差(~분 전)을 써서 시간을 표현한다.

1:00 一点
yī diǎn

2:00 两点
liǎng diǎn

1:05 一点五分 ॥ 一点零五(分)
yī diǎn wǔ fēn ॥ yī diǎn líng wǔ (fēn)

1:15 一点十五(分) ॥ 一点一刻
yī diǎn shí wǔ (fēn) ॥ yī diǎn yí kè

1:30 一点三十(分) ॥ 一点半
yī diǎn sān shí (fēn) ॥ yī diǎn bàn

1:45 一点四十五(分) ॥ 一点三刻 ॥ 差一刻两点
yī diǎn sì shí wǔ (fēn) ॥ yī diǎn sān kè ॥ chà yí kè liǎng diǎn

1:55 一点五十五(分) ॥ 差五分两点
yī diǎn wǔ shí wǔ (fēn) ॥ chà wǔ fēn liǎng diǎn

· 아침, 오전, 오후, 저녁 표현

早上	上午	下午	晚上
zǎoshang	shàngwǔ	xiàwǔ	wǎnshang

바로 확인하기

제시된 시간을 중국어로 표현해보세요.

① 2시 20분 → ______ ② 6시 45분 → ______

③ 8시 30분 → ______ ④ 10시 50분 → ______

2 명사술어문

· 시간, 요일, 나이, 출신 등을 나타내는 명사(구)가 술어인 문장으로 동사 '是'는 쓰지 않는다. 단, 부정문일 때는 반드시 명사(구) 앞에 '不是'를 써야 한다.

现在七点半。 → 现在不是七点半。
Xiànzài qī diǎn bàn. Xiànzài bú shì qī diǎn bàn.

他爸爸五十岁。 → 他爸爸不是五十岁。
Tā bàba wǔ shí suì. Tā bàba bú shì wǔ shí suì.

明天星期天。 → 明天不是星期天。
Míngtiān xīngqītiān. Míngtiān bú shì xīngqītiān.

星期天 xīngqītiān 명 일요일 1급

바로 확인하기

다음 문장을 부정문으로 바꾸세요.

① 他哥哥二十三岁。 → ② 现在两点。 →

3 연동문

· 하나의 주어에 두 개 이상의 동사나 동사구가 연이어 나오는 문장으로 동작이 순차적으로 발생됨을 나타낸다.

我们一起去吃饭吧。
Wǒmen yìqǐ qù chīfàn ba.

他来我家学习汉语。
Tā lái wǒ jiā xuéxí Hànyǔ.

我去超市买东西。
Wǒ qù chāoshì mǎi dōngxi.

来 lái 동 오다 1급
超市 chāoshì 명 슈퍼마켓 2급 (超级市场의 약칭)
东西 dōngxi 명 물건, ~것 1급

바로 확인하기

어순에 맞게 배열하여 문장을 완성하세요.

① 去 / 她 / 书 / 书店 / 买 →
② 我 / 我家 / 吧 / 找 / 来 →
③ 看 / 明天 / 去 / 电影 / 他们 →

书店 shūdiàn 명 서점 1급

4 '从~到~'

· '~에서 ~까지'의 의미로 시간 또는 장소의 범위를 나타낸다.

明天从上午十点到下午两点半都有课。
Míngtiān cóng shàngwǔ shí diǎn dào xiàwǔ liǎng diǎn bàn dōu yǒu kè.

他从十点到十二点学习汉语。(시간)
Tā cóng shí diǎn dào shí èr diǎn xuéxí Hànyǔ.

从韩国到中国不太远。
Cóng Hánguó dào Zhōngguó bútài yuǎn.

从我家到学校要一个小时。(장소)
Cóng wǒ jiā dào xuéxiào yào yí ge xiǎoshí.

不太 bútài	그다지 ~하지 않다 2급
远 yuǎn	형 멀다 1급
要 yào	동 필요하다 1급
小时 xiǎoshí	명 시간 1급

바로 확인하기

'从~到~'를 이용하여 괄호 안의 한국어 표현에 대응되도록 문장을 완성하세요.

① 我＿＿＿＿＿＿＿＿＿＿看电视。(나는 저녁 8시부터 9시까지 TV를 봅니다.)

② ＿＿＿＿＿＿＿＿＿＿要两个小时。(한국에서 중국까지 두 시간 걸립니다.)

5 조사 '吧'

· 문장 끝에 쓰여 부드러운 어감의 명령이나 제안을 나타낸다.

下午来我家吧。
Xiàwǔ lái wǒ jiā ba.

我们一起去看足球比赛吧。
Wǒmen yìqǐ qù kàn zúqiú bǐsài ba.

· 문장 끝에 쓰여 추측의 의미를 나타내는 의문문이 되기도 한다.

你是韩国人吧?
Nǐ shì Hánguó rén ba?

你最近不忙吧?
Nǐ zuìjìn bù máng ba?

바로 확인하기

어순에 맞게 배열하여 문장을 완성하세요.

① 他家 / 吧 / 去 / 明天 →

② 吧 / 学校 / 一起 / 来 / 你们 →

③ 忙 / 你 / 吧 / 不太 / 最近 →

④ 不 / 她 / 吧 / 你妹妹 / 是 →

연습문제

Track 42

1 녹음 내용과 일치하는 시간을 연결하세요.

①　　②　　③　　④

ⓐ

ⓑ

ⓒ

ⓓ

2 녹음을 듣고 맞으면 O, 틀리면 X 하세요.

① 现在差十分八点。 (　)

② 今天我两点下课。 (　)

③ 下课以后, 我去吃饭。 (　)

④ 我喜欢看中国电影。 (　)

3 빈칸에 들어갈 알맞은 표현을 한자로 쓰세요.

① 今天 ______ 一刻两点下课。

② 我 ______ 上午10点到11点半有课。

③ 没 ______ 安排, 你有什么事儿吗?

④ 明天晚上有 ______ 足球比赛。

4 아래에 제시된 단어들을 참고하여, 옆 사람과 <보기>처럼 대화해 보세요.

<보기>

A: 你什么时候<u>上课</u>?

B: 我<u>早上八点上课</u>。

上课 shàngkè 수업하다 1급

① 吃早饭

② 看电影

③ 看足球比赛

④ 听音乐

5 자신의 상황에 맞게 질문에 답하세요.

① 现在几点?

② 你几点吃早饭?

③ 今天你什么时候有课?

④ 今天你几点下课?

간체자 연습

饭
飯 fàn

饭饭饭饭饭饭饭

时
時 shí

时时时时时时时

候
hòu

候候候候候候候候候候

课
課 kè

课课课课课课课课课课

赛
賽 sài

赛赛赛赛赛赛赛赛赛赛赛赛赛赛

找
zhǎo

找找找找找找找

NEW 스타트! 대학중국어

중국 엿보기

중국 대학은 한 시간 빨리 시작해요~

학교마다 다소 차이는 있겠지만 중국 대학은 일반적으로 하루에 수업이 10교시로 나누어져 있어요. 1교시가 아침 8시에 시작하지요. 힘들겠죠? 게다가 우리나라는 특수한 상황을 제외하고는 저녁 6시 전에 모든 수업을 마치지만, 중국은 오전, 오후뿐만 아니라 저녁에도 수업이 배정될 수 있답니다. 보통 수업은 과목당 45~50분씩 2교시에 걸쳐 진행되고 중간에 5~10분간 쉴 수 있어요. 단, 한 과목을 마친 후 다른 과목을 수강할 때에는 이동 시간을 고려해 15~20분의 휴식 시간을 준답니다. 마지막 수업인 10교시가 저녁 9시 넘어서 마치니 만약 이 시간에 수업을 배정받으면 아주 힘든 하루가 되겠죠?

	节次对照		上课时间	下课时间
上午	第一大节	第1小节	8:00	8:50
		第2小节	9:00	9:50
	课间休息			
	第二大节	第3小节	10:10	11:00
		第4小节	11:10	12:00
午休时间				
下午	第三大节	第5小节	14:30	15:20
		第6小节	15:30	16:20
	课间休息			
	第四大节	第7小节	16:40	17:30
		第8小节	17:40	18:30
晚　饭				
晚上	第五大节	第9小节	19:30	20:20
		第10小节	20:30	21:20

7

你的生日几月几号?

회화 1

Track 44

山田: 维真，你的生日几月几号？
Wéizhēn, nǐ de shēngrì jǐ yuè jǐ hào?

维真: 十月二十五号。
Shí yuè èr shí wǔ hào.

山田: 马上就到你的生日了。
Mǎshàng jiù dào nǐ de shēngrì le.

你有什么安排吗？
Nǐ yǒu shénme ānpái ma?

维真: 还没有。
Hái méiyǒu.

山田: 我有个主意，
Wǒ yǒu ge zhǔyi,

那天我跟几个朋友给你过生日，
nàtiān wǒ gēn jǐ ge péngyou gěi nǐ guò shēngrì,

怎么样？
zěnmeyàng?

维真: 太好了！你们真够朋友！
Tài hǎo le! Nǐmen zhēn gòu péngyou!

새단어

Track 43

生日 shēngrì	명 생일 1급
月 yuè	명 월 1급
号 hào	명 일(서면어에서는 日(rì)를 많이 사용함) 1급
马上 mǎshàng	부 곧, 즉시 1급
就 jiù	부 바로, 곧(자연스레)~하다 1급
到 dào	동 도착하다, 도달하다, …에 이르다, (시간, 기간, 날짜가) 되다 1급
还 hái	부 아직, 여전히 1급
主意 zhǔyi	명 생각, 방법 3급
那天 nàtiān	대 그날
跟 gēn	전 와, 과 1급
给 gěi	동 전 주다, ~에게 1급
过 guò	동 지내다, 보내다 1급
真 zhēn	부 진짜로, 정말로 1급
够 gòu	동 부 (일정한 정도에) 이르다, 충분하다 2급

회화 2

Track 46

山田: 大卫, 二十五号是维真的生日。
Dàwèi, èr shí wǔ hào shì Wéizhēn de shēngrì.

大卫: 是吗? 那天星期几?
Shì ma? Nàtiān xīngqī jǐ?

山田: 星期六。我们一起给她过生日吧。
Xīngqīliù. Wǒmen yìqǐ gěi tā guò shēngrì ba.

大卫: 好啊! 怎么过呢?
Hǎo a! Zěnme guò ne?

山田: 先吃火锅, 然后去唱歌。
Xiān chī huǒguō, ránhòu qù chànggē.

大卫: 好主意! 你打算送她什么礼物?
Hǎo zhǔyi! Nǐ dǎsuàn sòng tā shénme lǐwù?

山田: 我打算送她一块手表。你呢?
Wǒ dǎsuàn sòng tā yí kuài shǒubiǎo. Nǐ ne?

大卫: 维真喜欢听音乐, 我给她买个
Wéizhēn xǐhuan tīng yīnyuè, wǒ gěi tā mǎi ge

蓝牙耳机, 你看行吗?
lányá ěrjī, nǐ kàn xíng ma?

山田: 行, 这个礼物不错!
Xíng, zhè ge lǐwù búcuò!

새단어

Track 45

星期	xīngqī	명	요일 1급
蓝牙	lányá	명	블루투스
怎么	zěnme	대	어떻게, 어째서 1급
耳机	ěrjī	명	이어폰 4급
先	xiān	부	먼저, 우선 1급
看	kàn	동	~라고 생각하다 1급
火锅	huǒguō		훠궈 7~9급
不错	búcuò	형	괜찮다, 좋다 2급
然后	ránhòu	접	연후에, 그 다음에 2급
唱歌	chànggē		노래를 부르다 1급
打算	dǎsuàn	동 명	~하려고 하다, ~할 작정이다, 생각, 계획 2급
送	sòng	동	선물하다 1급
礼物	lǐwù	명	선물 2급
块	kuài	양	덩어리 또는 조각 모양의 물건을 헤아리는 데 쓰임 1급
手表	shǒubiǎo	명	손목시계 2급
听	tīng	동	듣다 1급
音乐	yīnyuè	명	음악 2급
买	mǎi	동	사다, 구입하다 1급

단문연습

Track 47

01 十月二十五号是维真的生日。山田打算跟几个朋友给她过生日。

Shí yuè èr shí wǔ hào shì Wéizhēn de shēngrì. Shāntián dǎsuàn gēn jǐ ge péngyou gěi tā guò shēngrì.

02 维真的生日那天，他们打算先吃火锅，然后去唱歌。

Wéizhēn de shēngrì nàtiān, tāmen dǎsuàn xiān chī huǒguō, ránhòu qù chànggē.

山田送维真一块手表，大卫送她一个蓝牙耳机。

Shāntián sòng Wéizhēn yí kuài shǒubiǎo, Dàwèi sòng tā yí ge lányá ěrjī.

교체 연습

01 十月二十五号。

十一月十六号
五月九号

↳ A: 你的生日几月几号?
B: 十月二十五号。

02 星期六。

星期四
星期天

↳ A: 明天星期几?
B: 星期六。

03 先吃火锅,然后去唱歌。

喝咖啡 去看电影
买礼物 去吃中国菜

↳ A: 明天我们做什么?
B: 先吃火锅,然后去唱歌。

菜 cài 명 요리 1급

04 我送她一块手表。

一个手机
一本书

↳ A: 你送她什么礼物?
B: 我送她一块手表。

NEW 스타트! 대학중국어

어법 포인트

1 날짜, 요일 표현

· **날짜 표현:** 月(월)과 号(일)을 써서 날짜를 표현한다.

月 yuè	一月	二月	三月	四月	五月	六月	七月	八月	九月	十月	十一月	十二月
号 hào	一号	二号	三号	四号	五号	六号	七号	八号	……	三十一号		

※ 서면어에서는 '号' 대신에 '日'를 쓴다.

你的生日几月几号? → 一月二十八号(日)。

Nǐ de shēngrì jǐ yuè jǐ hào? Yī yuè èr shí bā hào(rì).

· **요일 표현:** 星期(요일)을 써서 요일을 표현한다. 星期 대신에 周(zhōu)도 자주 쓰인다. 月(월)과 号(일)을 써서 날짜를 표현한다.

월요일	星期一	周一
화요일	星期二	周二
수요일	星期三	周三
목요일	星期四	周四
금요일	星期五	周五
토요일	星期六	周六
일요일	星期天(日)	周日(周天(X))

今天星期几? → 星期六。

Jīntiān xīngqī jǐ? Xīngqīliù.

바로 확인하기

제시된 연도, 날짜, 요일을 중국어로 표현해보세요.

① 2023년 7월 18일 화요일 →

② 2027년 3월 5일 금요일 →

③ 1994년 6월 12일 일요일 →

2 어기조사 '了'

· 문장 끝에 쓰여 상황의 변화나 새로운 상황의 출현을 나타낸다.

都八点了。
Dōu bā diǎn le.

他已经三十岁了。
Tā yǐjīng sān shí suì le.

都 dōu	부	이미, 벌써 1급
已经 yǐjīng	부	이미, 벌써 2급

· '要, 就(要), 快(要)~了'는 '곧 ~할 것이다'로 해석되어 상황의 출현이 임박함을 나타내므로 '임박태'라고 불리기도 한다.

马上就到你的生日了。
Mǎshàng jiù dào nǐ de shēngrì le.

书店快(要)关门了。
Shūdiàn kuài(yào)guānmén le.

要 yào	조동	~할 것이다, ~하려고 하다 1급
快 kuài	부	곧, 빨리 1급
关门 guānmén		문을 닫다

바로 확인하기

제시된 한국어 표현을 보고 문장을 완성하세요.

① 马上__________________。 곧 일요일이에요.

② 她__________________。 그녀는 이미 서른이 되었어요.

③ 都__________________。 벌써 12시네요.

3 전치사 '给'

· 동작의 대상을 나타낼 때 전치사 '给'를 쓴다. 문장 내 순서는 [주어+给+대상+술어]로 '~에게 ~을 ~하다(해주다)'의 의미를 나타낸다.

我们一起给她过生日吧。
Wǒmen yìqǐ gěi tā guò shēngrì ba.

我打算给她买一件衣服。
Wǒ dǎsuàn gěi tā mǎi yí jiàn yīfu.

妈妈经常给我打电话。
Māma jīngcháng gěi wǒ dǎ diànhuà.

经常 jīngcháng	부	자주 2급
打电话 dǎ diànhuà		전화를 걸다 1급

바로 확인하기

'给'가 들어갈 알맞은 위치를 고르세요.

① 星期天□我们□打算□她□过□生日。

② 爷爷□经常□爸爸□打□电话。

③ 请□你□我□发□电子邮件□。

爷爷 yéye	명 할아버지	1급
请 qǐng	동 요청하다, 부탁하다	1급
发 fā	동 보내다, 발송하다	2급
电子邮件 diànzǐyóujiàn	명 전자우편	3급

4 '先~, 然后~' 구문

· 동작이나 사건의 앞 뒤 순서를 나타내는 구문으로 '먼저~하고 그리고 나서 ~하다'의 의미를 나타낸다.

先吃火锅, 然后去唱歌。
Xiān chī huǒguō, ránhòu qù chànggē.

我们先去北京, 然后去上海吧。
Wǒmen xiān qù Běijīng, ránhòu qù Shànghǎi ba.

你先吃饭, 然后再看电视。
Nǐ xiān chīfàn, ránhòu zài kàn diànshì.

北京 Běijīng	고명 베이징	1급
上海 Shànghǎi	고명 상하이	
再 zài	부 다시	1급

바로 확인하기

제시된 한국어 표현을 보고 문장을 완성하세요.

① 우리 먼저 식사하고 나서 노래 부르러 가자.

→ 我们先吃饭, ____________________ 。

② 서점 먼저 들렀다가 옷 사러 가요.

→ ____________________ , 然后再去买衣服。

5 이중목적어구문

· 한 문장에 목적어가 두 개 있는 구문으로 [주어+술어+간접목적어+직접목적어] 형태를 취하며, '~에게 ~을 하다'의 의미를 나타낸다. 대표적인 동사로는 送, 给, 告诉 등이 있다.

我打算送她一块手表。
Wǒ dǎsuàn sòng tā yí kuài shǒubiǎo.

请给我一杯咖啡。

Qǐng gěi wǒ yì bēi kāfēi.

我告诉你一个好消息。

Wǒ gàosu nǐ yí ge hǎo xiāoxi.

消息 xiāoxi 명 소식 3급

告诉 gàosu 동 알리다, 말하다 1급

바로 확인하기

어순에 맞게 배열하여 문장을 완성하세요.

① 老师 / 送 / 一本 / 我 / 汉语书 →

② 告诉 / 名字 / 我 / 请 / 你的 →

③ 生日礼物 / 他 / 一个 / 我 / 给 →

연습문제

Track 48

1 녹음을 듣고 녹음 내용과 일치하는 그림을 고르세요.

① (　　　)　　② (　　　)　　③ (　　　)

ⓐ

ⓑ

ⓒ

2 녹음을 듣고 맞으면 O, 틀리면 X 하세요.

① 山田的生日是10月25号。 (　)

② 山田的生日是星期四。 (　)

③ 大卫打算送他一块手表。 (　)

④ 维真打算送他一块手表。 (　)

3 빈칸에 들어갈 알맞은 표현을 한자로 쓰세요.

① 马上 ______ 到你的生日了。

② 我 ______ 几个朋友们给你过生日, 怎么样?

③ 先吃火锅, ______ 去唱歌。

④ 她喜欢听音乐, 那我 ______ 她买个蓝牙耳机。

4 아래에 제시된 단어들을 참고하여, 옆 사람과 <보기>처럼 대화해 보세요.

<보기>

A: 你的生日几月几号?

B: 12月25号。

A: 是吗?那天星期几?

B: 星期二。

A: 你打算怎么过?

B: 先吃火锅, 然后去唱歌。

① 8月23号 / 星期六 / 去看足球比赛

② 3月5号 / 星期天 / 去看电影

③ 9月9号 / 星期三 / 在家看电视

5 자신의 상황에 맞게 질문에 답하세요.

① 今天几月几号? 星期几?

② 你的生日几月几号?

③ 马上就到你的生日了, 你打算怎么过?

④ 明天是朋友的生日, 你打算送他/她什么礼物?

간체자 연습

号
號 hào

号号号号号

马
馬 mǎ

马马马

跟
gēn

跟跟跟跟跟跟跟跟跟跟跟跟跟

锅
鍋 guō

锅锅锅锅锅锅锅锅锅锅锅锅

送
sòng

送送送送送送送送送

买
買 mǎi

买买买买买买

NEW 스타트! 대학중국어

중국 엿보기

생일날 우리는 미역국, 중국은?

전통적으로 중국인들은 생일날에 한 가닥의 긴 면인 一根面(yīgēnmiàn)으로 삶은 국수를 먹습니다. 면 위에는 반드시 계란 두 개가 올라가는데 면 한 가닥이 숫자 1을, 계란 두 개가 숫자 00을 나타내어 100살까지 건강하게 장수하기를 바라는 의미를 담고 있지요. 이 국수의 이름이 바로 长寿面(chángshòumiàn)입니다. 장수면은 끊어 먹지 않는 것이 가장 중요한 포인트랍니다. 오늘날 젊은 세대는 우리나라 젊은이들과 마찬가지로 서구식 생일 파티를 합니다. 친구들이 생일 축하 노래를 불러 주면 생일 당사자가 소원을 빈 후 케이크 위에 있는 촛불을 불어요. 친구들은 옆에서 '祝你生日快乐(zhù nǐ shēngrì kuàilè 생일 축하해)'라고 하면서 생일을 축하해 주지요.

许愿xǔyuàn: 소원을 빌다 | 吹蜡烛chuī làzhú: 촛불을 불다 | 切蛋糕qiē dàngāo: 케이크를 자르다
唱生日快乐歌chàng shēngrì kuàilè gē: 생일 축하 노래를 부르다

8

多少钱?

회화 1

Track 50

老板: 您要点儿什么?
Nín yào diǎnr shénme?

维真: 这个苹果甜不甜?
Zhè ge píngguǒ tián bu tián?

老板: 很甜。
Hěn tián.

维真: 可以尝尝吗?
Kěyǐ chángchang ma?

老板: 当然可以。
Dāngrán kěyǐ.

维真: 真好吃。怎么卖?
Zhēn hǎochī. Zěnme mài?

老板: 四块钱一斤, 随便挑。
Sì kuài qián yì jīn, suíbiàn tiāo.

....

维真: 我就* 要这些, 多少钱?
Wǒ jiù yào zhèxiē, duōshao qián?

老板: 十二块八。
Shí èr kuài bā.

维真: 给您二十。
Gěi nín èr shí.

老板: 找您七块二。
Zhǎo nín qī kuài èr.

새단어

Track 49

老板 lǎobǎn	명 가게 주인 3급	挑 tiāo	동 선택하다, 고르다 4급
要 yào	동 필요하다, 원하다 1급	这些 zhèxiē	대 이것들 1급
(一)点儿 (yì)diǎnr	양 약간, 조금 1급	多少 duōshao	대 얼마, 몇 1급
苹果 píngguǒ	명 사과 3급	找 zhǎo	동 거슬러 주다 1급
甜 tián	형 (맛이) 달다 3급		
可以 kěyǐ	조동 ~할 수 있다, ~해도 된다 2급		
尝 cháng	동 맛보다 5급		
当然 dāngrán	부 당연히, 물론 3급		
好吃 hǎochī	형 맛있다, 맛나다 1급		
卖 mài	동 팔다, 판매하다 2급		
块 kuài	양 중국의 화폐 단위 ('圆', '元'(원)에 해당함) 1급		
钱 qián	명 돈, 화폐 1급		
斤 jīn	양 근 2급		
随便 suíbiàn	형 마음대로 하다 2급		

* 여기서의 '就'는 '단지, 다만'의 의미를 나타냅니다.

회화 2

Track 52

山田: 你在干什么呢?
Nǐ zài gàn shénme ne?

大卫: 我想在网上买个蓝牙耳机。
Wǒ xiǎng zài wǎngshàng mǎi ge lányá ěrjī.

山田: 你在看维真的生日礼物啊。
Nǐ zài kàn Wéizhēn de shēngrì lǐwù a.

大卫: 对! 你看这款怎么样?
Duì! Nǐ kàn zhè kuǎn zěnmeyàng?

山田: 价格不贵, 款式也不错。
Jiàgé bú guì, kuǎnshì yě búcuò.

大卫: 这款耳机有两种颜色, 维真喜欢白色还是红色?
Zhè kuǎn ěrjī yǒu liǎng zhǒng yánsè, Wéizhēn xǐhuan báisè háishi hóngsè?

山田: 我记得她喜欢红色。
Wǒ jìde tā xǐhuan hóngsè.

大卫: 是吗? 那我就*买红色的。
Shìma? Nà wǒ jiù mǎi hóngsè de.

새단어

Track 51

在 zài	부 마침 ~하고 있다, 막 하고 있는 중이다 1급
干 gàn	동 하다 1급
想 xiǎng	조동 ~하고 싶다 1급
网上 wǎngshàng	명 온라인, 인터넷 1급
对 duì	형 맞다, 옳다 1급
款 kuǎn	양 종류, 양식
价格 jiàgé	명 가격 3급
贵 guì	형 (값이) 비싸다 1급
款式 kuǎnshì	명 스타일, 양식 7-9급
种 zhǒng	양 종, 종류 3급
颜色 yánsè	명 색깔 2급
还是 háishi	접 또는, 아니면(의문문에 쓰여 선택을 나타냄) 1급
白色 báisè	명 흰색 2급
红色 hóngsè	명 빨간색 2급
记得 jìde	동 기억하고 있다 1급

* 여기서의 '就'는 '~하면 바로 ~하다'는 의미로 어떤 상황 하에서 자연히 어떠하다는 어감을 나타낸다. 두 개의 동작이 있을 경우에는 시간적으로 밀착된 상태를 나타내기도 한다. 예 走五分钟就到。

分钟 fēnzhōng 양 분 2급

NEW 스타트! 대학중국어

단문연습

Track 53

01 维真想买点儿苹果。苹果四块钱一斤，可以尝。她觉得

Wéizhēn xiǎng mǎi diǎnr píngguǒ. Píngguǒ sì kuài qián yì jīn, kěyǐ cháng. Tā juéde

很好吃，打算买几斤。

hěn hǎochī, dǎsuàn mǎi jǐ jīn.

02 大卫在网上挑维真的生日礼物，山田觉得他挑的蓝牙耳机

Dàwèi zài wǎngshàng tiāo Wéizhēn de shēngrì lǐwù, Shāntián juéde tā tiāo de lányá ěrjī

很好，价格不贵，款式也不错。维真喜欢红色，大卫

hěn hǎo, jiàgé bú guì, kuǎnshì yě búcuò. Wéizhēn xǐhuan hóngsè, Dàwèi

打算买红色的。

dǎsuàn mǎi hóngsè de.

교체 연습

西瓜 xīguā 명 수박 4급
草莓 cǎoméi 명 딸기

01

苹果四块钱一斤。

西瓜
草莓

↳ A: 苹果多少钱一斤?
B: 苹果四块钱一斤。

试 shì 동 시도하다 1급

02

可以尝尝吗?

看看
试试

↳ A: 可以尝尝吗?
B: 当然可以。

作业 zuòyè 명 숙제, 과제 2급

03

我在看书呢。

吃饭
做作业

↳ A: 你在干什么呢?
B: 我在看书呢。

茶 chá 명 차 1급

04

她喜欢白色还是红色?

苹果 西瓜
喝咖啡 喝茶

↳ A: 她喜欢白色还是红色?
B: 她喜欢红色。

NEW 스타트! 대학중국어

어법 포인트

1 중국 화폐 읽는 법

· 중국 화폐인 '런민삐(人民币)'는 구어와 문어에서 쓰는 화폐단위가 다르다. 구어에서는 주로 块(kuài), 毛(máo), 分(fēn)을 쓰고 문어에서는 주로 元(yuán), 角(jiǎo), 分(fēn)을 쓴다.

479.35元 : 四百七十九块三毛五分 (구어)
sì bǎi qī shí jiǔ kuài sān máo wǔ fēn
四百七十九元三角五分 (문어)
sì bǎi qī shí jiǔ yuán sān jiǎo wǔ fēn

· 단위와 단위 사이의 환산 관계는 다음과 같다.

1元 (块) = 10角(毛) = 100分

· 화폐단위 끝에 '钱'을 추가하기도 한다.

40元: 四十块钱
sì shí kuài qián

· 구어에서는 주로 마지막 화폐단위를 생략하고 금액을 말한다.

8.45元: 八块四毛五
bā kuài sì máo wǔ

25.80元: 二十五块八
èr shí wǔ kuài bā

· 금액 중간에 '0'이 포함될 경우 '零'을 포함시켜서 읽어 준다.

308.00元: 三百零八块(钱)
sān bǎi líng bā kuài(qián)

2,050元: 两千零五十块(钱)
liǎng qiān líng wǔ shí kuài(qián)

· 백 단위 이상의 금액에서 0으로 끝날 경우에는 다음과 같이 읽을 수도 있다.

350元: 三百五
sān bǎi wǔ

3,500元: 三千五
sān qiān wǔ

· 백 단위 이상에서 2가 나올 때 2를 읽는 법

a 백 단위에서의 '2'는 '二', '两'을 모두 쓸 수 있다.

200元: 二百块, 两百块
èr bǎi kuài, liǎng bǎi kuài

b 천 단위와 만 단위에 '2'가 나오면서 그 수가 전체 금액의 가장 큰 단위일 때는 일반적으로 '两'을 쓴다.

2,000元: 两千块 liǎng qiān kuài　　二千块(X) èr qiān kuài

22,000元: 两万两千块 liǎng wàn liǎng qiān kuài

两万二千块 liǎng wàn èr qiān kuài　　二万二千块(X) èr wàn èr qiān kuài

바로 확인하기

(1) 다음 금액을 중국어로 읽어보세요.

① 20.00元 →　　② 19.20元 →

③ 212.00元 →　　④ 4070.00元 →

(2) 다음 금액을 숫자로 표기해보세요.

① 七块五毛 → ____________元

② 一百零三块 → ____________元

③ 两千三百零五块八 → ____________元

2 조동사 '可以', '想'

· 조동사는 동사 앞에 쓰여 능력, 바람, 필요, 허가 등의 의미를 나타낸다.

a 可以: '~해도 된다'는 허가의 의미로 부정형은 '不可以(안된다)'이다.

A: 这儿可以吃东西吗? → B: 这儿可以吃东西。(긍정)
Zhèr kěyǐ chī dōngxi ma? Zhèr kěyǐ chī dōngxi.

→ B: 这儿不可以吃东西。(부정)
Zhèr bù kěyǐ chī dōngxi.

这儿 zhèr 대 여기, 이곳 1급

b 想: '~ 하고 싶다'는 바람의 의미로 부정형은 '不想(~하고 싶지 않다)'이다.

A: 你想去中国吗? → B: 我想去中国。(긍정)
Nǐ xiǎng qù Zhōngguó ma? Wǒ xiǎng qù Zhōngguó.

→ B: 我不想去中国。(부정)
Wǒ bù xiǎng qù Zhōngguó.

바로 확인하기

제시된 한국어 표현을 보고 '可以'와 '想'을 이용해 문장을 완성하세요.

① 明天我______去你家玩吗? 내일 너희 집에 놀러가도 되니?

② 这儿______拍照。 여기서 사진 찍으면 안됩니다.

③ 我______去看电影。 나는 영화 보러 가고 싶어.

④ 我______吃饭。 나는 밥 먹고 싶지 않아요.

玩(儿) wán(r) 동 놀다 1급
拍照 pāizhào 사진을 찍다, 촬영하다 4급

3 동사중첩

· '좀(한번)~해보다'처럼 동작을 가볍게 시도해본다는 의미를 나타낼 때 동사 중첩을 쓴다. 문장의 어감도 한층 부드러워진다.

我可以尝尝吗?
Wǒ kěyǐ chángchang ma?

我们听听吧。
Wǒmen tīngting ba.

你看看这本书。
Nǐ kànkan zhè běn shū.

· 동사의 중첩 형식은 동사의 음절에 따라 약간의 차이가 있다.

	중첩형식	용례
단음절 동사(A)	AA // A一A	看看 // 看一看
이음절동사(AB)	ABAB // AB一AB(X)	学习学习 // 学习一学习 (X)

바로 확인하기

동사를 중첩형식으로 바꾸어 문장을 완성하세요.

① 你在这儿等我吧。 →

② 你问老师吧。 →

③ 我们休息吧。 →

等 děng 동 기다리다 1급
问 wèn 동 묻다, 질문하다 1급
休息 xiūxi 동 쉬다, 휴식하다 1급

4 진행을 나타내는 부사'在'

· 동사 앞에 쓰여 '~하는 중이다'라는 동작의 진행 의미를 나타낸다. 문장 끝에 '呢'가 자주 함께 쓰인다.

A: 你在干什么? → B: 我在看电视。
Nǐ zài gàn shénme? Wǒ zài kàn diànshì.

A: 他在干什么呢? → B: 他在挑蓝牙耳机呢。
Tā zài gàn shénme ne? Tā zài tiāo lányá ěrjī ne.

· '在' 앞에 '正'을 써서 동작이 진행되고 있는 그 시점을 강조하기도 한다.

A: 他们正在干什么呢? → B: 他们正在找东西呢。
Tāmen zhèng zài gàn shénme ne? Tāmen zhèng zài zhǎo dōngxi ne.

正 zhèng 부 마침, 한창 1급

바로 확인하기

괄호 안에 제시된 단어를 이용해 진행을 나타내는 문장을 만드세요.

① 我 ____________________。(吃饭)

② 弟弟 ____________________。(唱歌)

③ 王老师 ____________________?(上课)

5 선택의문문

· 'A还是B?' 형태로 쓰여서 A와 B 둘 중 어떤 것을 선택할 것인지를 묻는 의문문이다.

A: 他喜欢白色还是红色? → **B:** 他喜欢白色。

Tā xǐhuan báisè háishi hóngsè? Tā xǐhuan báisè.

A: 你要这个还是那个? → **B:** 我要那个。

Nǐ yào zhè ge háishi nà ge? Wǒ yào nà ge.

那 nà 대 저, 저것 1급

바로 확인하기

다음 질문에 알맞은 대답을 만들어 보세요.

① A: 你想去中国还是日本? B:

② A: 你要看这本书还是那本书? B:

③ A: 你在学汉语还是英语? B:

④ A: 今天去还是明天去? B:

英语 Yīngyǔ 명 영어 2급

연습문제

Track 54

1 녹음을 듣고 녹음 내용과 일치하는 그림을 고르세요.

① (　　　)　　② (　　　)　　③ (　　　)

ⓐ 30.00元

ⓑ 4.50元

ⓒ 75.00元

2 녹음을 듣고 맞으면 O, 틀리면 X 하세요.

① 维真想在网上买件衣服。 (　)

② 大卫要买白色的。 (　)

③ 维真觉得这件衣服款式不错。 (　)

④ 衣服的价格是305块。 (　)

3 빈칸에 들어갈 알맞은 표현을 한자로 쓰세요.

① 我 ______ 尝尝吗?

② ______ 不贵, 款式也不错。

③ 这 ______ 耳机有两种颜色。

④ 你喜欢白色 ______ 红色?

4 아래에 제시된 단어들을 참고하여, 옆 사람과 <보기>처럼 대화해 보세요.

<보기>

A: 这个苹果甜不甜?

B: 很甜。

A: 我可以尝尝吗?

B: 当然可以。

A: 真好吃。苹果多少钱一斤?

B: 三块五一斤。

① 草莓 /十二块

② 西瓜 / 两块五

5 회화1, 2의 내용을 이용하여 질문에 답하세요.

① 这个苹果甜吗? 可以尝尝吗?

② 苹果多少钱一斤?

③ 大卫在干什么呢?

④ 山田觉得这款耳机怎么样?

⑤ 这款耳机有几种颜色? 都是什么颜色?

간체자 연습

尝
嘗 cháng

尝尝尝尝尝尝尝尝尝

卖
賣 mài

卖卖卖卖卖卖卖卖

随
隨 suí

随随随随随随随随随随随

钱
錢 qián

钱钱钱钱钱钱钱钱钱钱

款
kuǎn

款款款款款款款款款款款款

种
種 zhǒng

种种种种种种种种种

NEW 스타트! 대학중국어

중국 엿보기

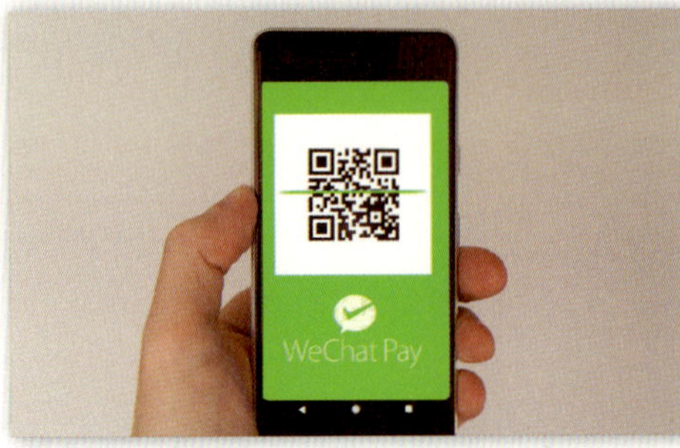

인민폐를 위협하는 중국 모바일 결제 시스템

요즘 중국인들은 대형 쇼핑몰에서 쇼핑, 외식할 때뿐만 아니라 길거리 노점에서 군것질할 때나 과일을 살 때, 심지어 자판기에서 물건을 구매할 때도 현금이나 신용카드보다는 支付宝(zhīfùbǎo)나 微信支付宝(wēixìn zhīfùbǎo)같은 모바일 결제를 선호합니다. 모바일로 QR코드를 한번 쓰~윽 스캔(扫二维码 sǎo èrwéimǎ)하면 모든 결제가 완료되니 이 얼마나 편리합니까? 지금 중국은 모바일 결제가 워낙 광범위하게 사용되다 보니 인민폐를 받지 않는 상점도 늘고 있어요. 이미 '현금 없는 사회'로 진입한 중국, 인민폐는 점점 설 자리를 잃어 가고 있답니다.

중국 인민폐

항저우 시후의 산탄인웨(三潭印月)

타이산(泰山)

창장 싼샤 중 제1협인 취탕샤(瞿唐峡)

구이린(桂林)

시짱 자치구 라마교 사원, 포탈라궁(布达拉宫)

인민대회당(人民大会堂)

9

咖啡馆在超市旁边。

회화 1

제9과 | 咖啡馆在超市旁边。

Track 56

维真: 下午我去见一个中国朋友,
Xiàwǔ wǒ qù jiàn yí ge Zhōngguó péngyou,
你也一块儿去吧!
nǐ yě yíkuàir qù ba!

大卫: 好啊! 在哪儿见?
Hǎo a! Zài nǎr jiàn?

维真: 瑞幸咖啡馆。
Ruìxìng kāfēiguǎn.

大卫: 瑞幸咖啡馆在哪儿?
Ruìxìng kāfēiguǎn zài nǎr?

维真: 在华润超市旁边。
Zài Huárùn chāoshì pángbiān.

大卫: 离这儿远不远?
Lí zhèr yuǎn bu yuǎn?

维真: 不太远, 走五分钟就到。
Bútài yuǎn, zǒu wǔ fēnzhōng jiù dào.

새단어

Track 55

见 jiàn	동	만나다, 보다 1급
一块儿 yíkuàir	부	함께, 같이 1급
哪儿 nǎr	대	어디, 어느 곳 1급
咖啡馆 kāfēiguǎn	명	커피숍
超市 chāoshì	명	슈퍼마켓, 마트 2급
旁边 pángbiān	명	옆, 곁 1급
离 lí	전	~에서부터(거리, 시간) 2급
这儿 zhèr	대	여기 1급
远 yuǎn	형	멀다 1급
不太 bútài		그다지~하지 않다 2급
走 zǒu	동	걷다, 가다 1급
分钟 fēnzhōng	양	분 2급
瑞幸咖啡 Ruìxìng Kāfēi	고명	루이싱커피(중국의 체인 카페 브랜드로 '중국의 스타벅스'라는 별칭이 있음)
华润(万家) Huárùn(Wànjiā)	고명	중국 최대 규모의 소매 체인 기업 브랜드(중국 국내에는 총 500개가 넘는 지점이 있음)

회화 2

Track 58

大卫: 都七点了。我们吃什么呢?
Dōu qī diǎn le. Wǒmen chī shénme ne?

维真: 学校对面有一家烤鸭店,
Xuéxiào duìmiàn yǒu yì jiā kǎoyā diàn,

我们去那儿尝尝。
wǒmen qù nàr chángchang.

丽丽: 那家的烤鸭味道不怎么样。
Nà jiā de kǎoyā wèidào bùzěnmeyàng.

维真: 那哪家的好吃?
Nà nǎ jiā de hǎochī?

大卫: 听说全聚德是北京最有名的烤鸭店。
Tīngshuō Quánjùdé shì Běijīng zuì yǒumíng de kǎoyā diàn.

丽丽: 太巧了! 我家前边就是全聚德。
Tài qiǎo le! Wǒ jiā qiánbian jiù shì Quánjùdé.

我们去那儿吃吧。
Wǒmen qù nàr chī ba.

大卫、维真: 好啊!
Hǎo a!

새단어

Track 57

都 dōu	부	벌써, 이미(흔히 '都~了' 형식으로 쓰임) 1급
对面 duìmiàn	명	맞은편, 반대편 2급
家 jiā	양	상점, 식당, 회사, 병원 등을 세는 양사 1급
烤鸭 kǎoyā	명	오리구이 5급
店 diàn	명	상점, 가게 2급
那儿 nàr	대	저기 1급
味道 wèidào	명	맛, 느낌 2급
不怎么样 bùzěnmeyàng		별로 좋지 않다 6급
听说 tīngshuō	동	듣자니, 듣기에 2급
最 zuì	부	가장, 제일 1급
有名 yǒumíng	형	유명하다 1급
前边 qiánbian	명	앞(쪽) 1급
全聚德 Quánjùdé	고명	전취덕, 베이징오리구이로 유명한 음식점 이름

NEW 스타트! 대학중국어

단문연습

Track 59

01 下午维真去见一个中国朋友，大卫也跟她一起去。

Xiàwǔ Wéizhēn qù jiàn yí ge Zhōngguó péngyou, Dàwèi yě gēn tā yìqǐ qù.

他们在瑞幸咖啡馆见面。那家咖啡馆离这儿不远，

Tāmen zài Ruìxìng kāfēiguǎn jiànmiàn. Nà jiā kāfēiguǎn lí zhèr bù yuǎn,

走五分钟就到。

zǒu wǔ fēnzhōng jiù dào.

见面 jiànmiàn 만나다, 대면하다 1급

02 晚上七点，维真、大卫和丽丽都很饿。他们去丽丽

Wǎnshang qī diǎn, Wéizhēn、Dàwèi hé Lìli dōu hěn è. Tāmen qù Lìli

家前边的全聚德吃烤鸭。

jiā qiánbian de Quánjùdé chī kǎoyā.

교체 연습

01

咖啡馆在超市旁边。

银行对面

图书馆前边

↳ A: 咖啡馆在哪儿?

B: 咖啡馆在超市旁边。

网吧 wǎngbā 명 인터넷 카페, PC방 6급

02

学校对面有一家烤鸭店。

一家咖啡馆

一个网吧

↳ A: 学校对面有什么?

B: 学校对面有一家烤鸭店。

03

超市离这儿远不远?

图书馆

你家

↳ A: 超市离这儿远不远?

B: 不太远, 走五分钟就到。

NEW 스타트! 대학중국어

어법 포인트

1 존재문

· 어떤 장소에 무엇이 존재함을 나타내는 문장이다. 동사는 주로 有, 在, 是를 쓴다.

① **장소+有+사람/사물**: 특정한 장소에 어떤 사람이나 사물이 존재함을 나타낸다. 이때 사람이나 사물은 반드시 불특정한 것이어야 한다.

学校对面有一家烤鸭店。(O) ‖ 学校对面有那家烤鸭店。(X)

Xuéxiào duìmiàn yǒu yì jiā kǎoyā diàn. ‖ Xuéxiào duìmiàn yǒu nà jiā kǎoyā diàn.

② **사람/사물+在+장소**: 특정한 사람이나 사물이 어떤 장소에 존재함을 나타낸다.

瑞幸咖啡馆在华润超市旁边。(O) ‖ 一家咖啡馆在华润超市旁边。(X)

Ruìxìng kāfēiguǎn zài Huárùn chāoshì pángbiān. ‖ Yì jiā kāfēiguǎn zài Huárùn chāoshì pángbiān.

③ **장소+是+사람/사물**: 특정한 장소에 어떤 사람이나 사물이 존재하는데 그것이 바로 무엇인지를 상대방에게 확인시켜준다.

我家前边是全聚德。

Wǒ jiā qiánbian shì Quánjùdé.

超市旁边是咖啡馆。

Chāoshì pángbiān shì kāfēiguǎn.

바로 확인하기

有, 在, 是 가운데 하나를 골라 문장을 완성하세요.

① 那个超市______学校对面。

② 学校旁边______一家银行。

③ 我家对面______全聚德。

2 방위사

· 방향과 위치를 나타내며 里/外, 前/后, 左/右, 上/下, 旁边, 东/西/南/北, 对面, 中间 등이 있다.

· 뒤에 边이나 面을 쓰기도 한다.

里边(里面), 外边(外面), 前边(前面), 后边(后面), 左边(左面), 右边(右面), 上边(上面), 下边(下面), 东边(东面), 西边(西面), 南边(南面), 北边(北面)

· 옆은 旁边, 맞은편은 对面으로만 쓴다. 旁面이나 对边과 같은 표현은 존재하지 않는다.

· 뒤에 边이나 面이 없는 방위사는 단독으로 쓰일 수 없고 반드시 명사 뒤에 쓰인다.

学校里 xuéxiào lǐ　　家里 jiā lǐ　　门前 mén qián

门 mén 명 문 1급

· 뒤에 边이나 面이 있는 방위사는 단독으로 쓰일 수도 있고 명사 뒤에 쓰일 수도 있다.

前边有一个超市。 Qiánbian yǒu yí ge chāoshì. = 我家前边有一个超市。 Wǒ jiā qiánbian yǒu yí ge chāoshì.

左边是书店。 Zuǒbian shì shūdiàn. = 图书馆左边是书店。 Túshūguǎn zuǒbian shì shūdiàn.

바로 확인하기

문장에서 틀린 부분을 수정해서 옳은 문장을 만드세요.

① 前有一家书店。 →

② 我旁面是我妹妹。 →

③ 银行在我家对边。 →

3 전치사 '离'

· 거리나 시간 간격을 계산할 때 기준점을 나타낸다. 문장 내 순서는 다른 전치사와 동일하게 [주어+ 离+장소(시간)+술어]이다.

我家离学校不远。
Wǒ jiā lí xuéxiào bù yuǎn.

你家离这儿远不远?
Nǐ jiā lí zhèr yuǎn bu yuǎn? (거리 기준점)

(现在)离下课还有一个小时。
(Xiànzài)Lí xiàkè hái yǒu yí ge xiǎoshí.

离我的生日还有两个星期。
Lí wǒ de shēngrì hái yǒu liǎng ge xīngqī. (시간 기준점)

바로 확인하기

어순에 맞게 배열하여 문장을 완성하세요.

① 不 / 离 / 远 / 远 / 这儿 →

② 不太 / 我家 / 远 / 学校 / 离 →

③ 现在 / 下班 / 有 / 个 / 离 / 还 / 两 / 小时 →

下班 xiàbān 동 퇴근하다 1급

연습문제

Track 60

1 녹음을 듣고 녹음 내용과 일치하는 그림을 고르세요.

① (　　　)　　　② (　　　)　　　③ (　　　)

ⓐ

ⓑ

ⓒ

星巴克 Xīngbākè 고명 스타벅스

2 녹음을 듣고 맞으면 O, 틀리면 X 하세요.

① 下午大卫去见山田。　　　(　)

② 大卫和维真一块儿去见山田。　　　(　)

③ 走五分钟就到全聚德。　　　(　)

④ 全聚德在山田家对面。　　　(　)

3 빈칸에 들어갈 알맞은 표현을 한자로 쓰세요.

① 咖啡馆 ______ 华润超市旁边。

② ______ 这儿远不远?

③ 我们学校对面 ______ 一家烤鸭店。

④ 学校前边 ______ 星巴克咖啡馆。

4 아래에 제시된 단어들을 참고하여, 옆 사람과 <보기>처럼 대화해 보세요.

<보기>

A: 大卫, 你家在哪儿?

B: 在庆北大学右边。

A: 离这儿远不远?

B: 不太远, 走五分钟就到。

① 咖啡馆 / 左边 / 四分钟

② 烤鸭店 / 对面 / 七分钟

③ 超市 / 后边 / 十分钟

5 회화1, 2의 내용을 이용하여 질문에 답하세요.

① 下午维真做什么?

② 瑞幸咖啡馆在哪儿?

③ 学校对面有一家烤鸭店, 那儿的烤鸭味道怎么样?

④ 全聚德在哪儿?

간체자 연습

馆 館 guǎn	馆馆馆馆馆馆馆馆馆馆馆
离 離 lí	离离离离离离离离离离
钟 鍾, 鐘 zhōng	钟钟钟钟钟钟钟钟钟
烤 kǎo	烤烤烤烤烤烤烤烤烤烤
鸭 鴨 yā	鸭鸭鸭鸭鸭鸭鸭鸭鸭鸭
说 說 shuō	说说说说说说说说说

중국 엿보기

대를 잇는 노포

中华老字号(Zhōnghuá lǎozìhào)

中华老字号(Zhōnghuá lǎozìhào)는 중국 정부가 100년 이상 된 노포의 역사성 및 문화적 가치를 인정하여 부여하는 공식 등록 상표입니다. 중국 전역에 걸쳐 1천여 곳이 있으며 식품, 의약품, 양조, 공예, 제조, 요식업 등 다양한 품목을 자랑하지요. 지금은 뉴트로 트렌드에 힘입어 라오쯔하오를 순례하는 이가 점점 많아지고 있어요. 우리도 이 기회에 라이쯔하오 순례 한번 떠나 볼까요?

全聚德: 오리구이 전문점 | 都一处: 샤오마이 전문점 | 东来顺: 양고기 샤부샤부 전문점
钟水饺: 물만두 전문점 | 狗不理: 빠오즈 전문점 | 稻香村: 전통 과자점
六必居: 장아찌 가게 | 吴裕泰: 차 전문점 | 同仁堂: 약국 | 茅台酒: 중국 명주

10

韩国的气候怎么样?

NEW 스타트! 대학중국어

회화 1

Track 62

山田: 大卫, 外边下雨了。
Dàwèi, wàibian xiàyǔ le.

今天不能去爬山了。
Jīntiān bù néng qù páshān le.

大卫: 怎么办? 只好改天再去。
Zěnmebàn? Zhǐhǎo gǎitiān zài qù.

山田: 那什么时候去?
Nà shénme shíhou qù?

大卫: 下个周末吧。
Xià ge zhōumò ba.

山田: 下个周末天气怎么样?
Xià ge zhōumò tiānqì zěnmeyàng?

大卫: 天气预报说, 星期六晴天,
Tiānqì yùbào shuō, xīngqīliù qíngtiān,

20度, 星期天小雨, 18度。
èr shí dù, xīngqītiān xiǎoyǔ, shí bā dù.

山田: 那星期六去吧。不冷也不热,
Nà xīngqīliù qù ba. Bù lěng yě bú rè,

正适合爬山。
zhèng shìhé páshān.

大卫: 好的, 我给维真发个微信吧。
Hǎo de, wǒ gěi Wéizhēn fā ge wēixìn ba.

새단어

Track 61

外边 wàibian	명 밖, 바깥 1급
下雨 xiàyǔ	비가 내리다 1급
能 néng	조동 ~할 수 있다 1급
爬山 páshān	등산하다, 산에 올라가다 2급
怎么办 zěnmebàn	어떻게 하나, 어쩌지 2급
只好 zhǐhǎo	부 부득이, 할 수 없이 3급
改天 gǎitiān	명 후일, 딴 날
下(个) xià(ge)	다음
周末 zhōumò	명 주말 2급
天气 tiānqì	명 날씨, 일기 1급
预报 yùbào	명 동 예보(하다) 3급
说 shuō	동 말하다 1급
晴天 qíngtiān	명 맑은 날씨 2급
度 dù	명 양 온도의 단위, 도 2급
小雨 xiǎoyǔ	명 가랑비, 부슬비
冷 lěng	형 춥다 1급
热 rè	형 덥다 1급
正 zhèng	부 딱, 마침 1급
适合 shìhé	동 적합하다, 알맞다 3급
发 fā	동 보내다, 발송하다 2급
微信 wēixìn	위챗(WeChat)

회화 2

Track 64

维真:	天气越来越冷了。 Tiānqì yuèláiyuè lěng le.
丽丽:	是啊，马上就要到冬天了。 Shì a, mǎshàng jiù yào dào dōngtiān le. 韩国的气候怎么样？ Hánguó de qìhòu zěnmeyàng?
维真:	韩国四季分明，春天暖和，夏天热， Hánguó sìjì fēnmíng, chūntiān nuǎnhuo, xiàtiān rè, 秋天凉快，冬天冷。跟北京差不多。 qiūtiān liángkuai, dōngtiān lěng. Gēn Běijīng chàbuduō.
丽丽:	快要放寒假了。你有什么打算？ Kuài yào fàng hánjià le. Nǐ yǒu shénme dǎsuàn?
维真:	这个寒假我要去云南旅行， Zhè ge hánjià wǒ yào qù Yúnnán lǚxíng, 那儿冷不冷？我怕冷。 nàr lěng bu lěng? Wǒ pà lěng.
丽丽:	不用担心，那儿的冬天比北京暖和。 Búyòng dānxīn, nàr de dōngtiān bǐ Běijīng nuǎnhuo.
维真:	那我就放心了。 Nà wǒ jiù fàngxīn le.

새단어

Track 63

越来越	yuèláiyuè		점점, 갈수록	2급
旅行	lǚxíng	동	여행하다	2급
冬天	dōngtiān	명	겨울	2급
怕	pà	동	무서워하다, 두려워하다	2급
气候	qìhòu	명	기후	3급
担心	dānxīn	동	걱정하다	4급
四季	sìjì	명	사계절	7~9급
比	bǐ	전	~보다	1급
分明	fēnmíng	형	뚜렷하다, 분명하다	7~9급
放心	fàngxīn		마음을 놓다, 안심하다	2급
春天	chūntiān	명	봄	2급
暖和	nuǎnhuo	형	따뜻하다	3급
夏天	xiàtiān	명	여름	2급
秋天	qiūtiān	명	가을	2급
凉快	liángkuai	형	시원하다, 서늘하다	2급
差不多	chàbuduō	형	거의 비슷하다	2급
放	fàng	동	쉬다	1급
寒假	hánjià	명	겨울 방학	4급
要	yào	조동	~할 것이다, ~하려고 하다	1급
云南	Yúnnán	고명	윈난(중국의 성(省) 이름)	

NEW 스타트! 대학중국어

단문연습

Track 65

01 外边下雨了，山田、大卫和维真今天不能去爬山了。
Wàibian xiàyǔ le, Shāntián、Dàwèi hé Wéizhēn jīntiān bù néng qù páshān le.
天气预报说，下个星期六晴天。他们觉得那天天气
Tiānqì yùbào shuō, xià ge xīngqīliù qíngtiān. Tāmen juéde nàtiān tiānqì
不冷也不热，正适合爬山。他们打算下个星期六去爬山。
bù lěng yě bú rè, zhèng shìhé páshān. Tāmen dǎsuàn xià ge xīngqīliù qù páshān.

02 韩国四季分明，气候跟北京差不多。快要放寒假了，
Hánguó sìjì fēnmíng, qìhòu gēn Běijīng chàbuduō. Kuài yào fàng hánjià le,
维真打算去云南旅行。不过，她怕冷，很担心。丽丽
Wéizhēn dǎsuàn qù Yúnnán lǚxíng. Búguò, tā pà lěng, hěn dānxīn. Lìli
告诉她那儿的冬天比北京暖和，不用担心。
gàosu tā nàr de dōngtiān bǐ Běijīng nuǎnhuo, búyòng dānxīn.

不过 búguò 접 그런데, 그러나 2급

교체 연습

下雪 xiàxuě 동 눈이 내리다 2급

01 星期六晴天。

下雨
下雪

A: 星期六天气怎么样?
B: 星期六晴天。

02 最近天气越来越冷了。

热
暖和

A: 最近天气怎么样?
B: 最近天气越来越冷了。

回国 huíguó 동 귀국하다 2급

03 快要放寒假了。

下课
回国

A: 快要放寒假了,
你有什么安排吗?
B: 还没有。

NEW 스타트! 대학중국어

어법 포인트

1 조동사 '能', '要'

· 能: '~ 할 수 있다'는 의미로 능력, 가능을 나타낸다. 부정형은 '不能(~할 수 없다)'이다.

我能吃辣的。 Wǒ néng chī là de.	॥	我不能吃辣的。 Wǒ bù néng chī là de.
他明天能去学校。 Tā míngtiān néng qù xuéxiào.	॥	他明天不能去学校。 Tā míngtiān bù néng qù xuéxiào.

辣 là 형 맵다 4급

· 要: '~하려고 하다'는 의미로 주관적인 의지를 나타낸다. 부정형은 '不想(~하고 싶지 않다)'이다.

我要去云南旅行。 Wǒ yào qù Yúnnán lǚxíng.	॥	我不想去云南旅行。 Wǒ bù xiǎng qù Yúnnán lǚxíng.
我要吃西瓜。 Wǒ yào chī xīguā.	॥	我不想吃西瓜。 Wǒ bù xiǎng chī xīguā.

바로 확인하기

(1) 어순에 맞게 배열하여 문장을 완성하세요.

① 参加 /足球 /能 / 他/ 比赛 →

② 电话 /能 / 他/ 现在 /给 / 不 /打 →

参加 cānjiā 동 참가하다 2급

(2) 다음 문장을 부정문으로 바꾸세요.

① 我要喝咖啡。 →

② 我要买四斤苹果。 →

2 '不~也不~'

· '~하지도 않고 ~하지도 않다'는 의미로, 두 가지 상황을 모두 부정할 때 쓰이는 구문이다. '不' 뒤에는 주로 형용사 술어가 온다.

天气不冷也不热。
Tiānqì bù lěng yě bú rè.

这件衣服不大也不小。
Zhè jiàn yīfu bú dà yě bù xiǎo.

这块手表不贵也不便宜。
Zhè kuài shǒubiǎo bú guì yě bù piányi.

便宜 piányi — 형 (값이) 싸다 2급

바로 확인하기

'不~ 也不 ~'를 이용해서 문장을 완성하세요.

① 她年纪 ______________。(大, 小)

② 他个子 ______________。(高, 矮)

③ 我 ______________。(饿, 困)

个子 gèzi — 명 (사람의) 키 2급

矮 ǎi — 형 (키가) 작다, (높이가) 낮다 4급

3 '越来越~'

· '점점', '갈수록'의 의미로, 시간의 경과에 따라 상황의 정도가 더욱 발전됨을 나타낸다.

天气越来越冷了。
Tiānqì yuèláiyuè lěng le.

她的汉语越来越好。
Tā de Hànyǔ yuèláiyuè hǎo.

学汉语的人越来越多。
Xué Hànyǔ de rén yuèláiyuè duō.

我越来越喜欢喝茶了。
Wǒ yuèláiyuè xǐhuan hē chá le.

바로 확인하기

'**越来越~**'를 이용해서 문장을 완성하세요.

① 天气 ______________。(热)

② 弟弟的个子 ______________。(高)

③ 找工作 ______________。(难)

4 비교문을 만드는 전치사 '比'

· [A+ 比+B+술어] 형태로 쓰여 'A는 B보다~하다'의 의미를 나타낸다.

那儿的冬天比北京暖和。

Nàr de dōngtiān bǐ Běijīng nuǎnhuo.

我比你大。

Wǒ bǐ nǐ dà.

弟弟比我高。

Dìdi bǐ wǒ gāo.

바로 확인하기

전치사 '**比**'를 이용하여 제시된 문장을 비교문으로 만드세요.

① 我妹妹十五岁，她妹妹十九岁。 → ______________(大)

② 北京三十五度，大邱三十七度。 → ______________(热)

③ 苹果四块钱一斤，草莓十块钱一斤。 → ______________(贵)

연습문제

Track 66

1 녹음을 듣고 녹음 내용과 일치하는 그림을 고르세요.

① (　　　) ②(　　　) ③ (　　　)

ⓐ

ⓑ

ⓒ

2 녹음을 듣고 맞으면 O, 틀리면 X 하세요.

① 天气越来越冷了。 (　)

② 马上就要到夏天了。 (　)

③ 北京四季分明。 (　)

④ 这个暑假丽丽要去云南旅行。 (　)

暑假 shǔjià 명 여름방학 4급

首尔 Shǒu'ěr 고명 서울

3 빈칸에 들어갈 알맞은 표현을 한자로 쓰세요.

① 今天 ______________ 去爬山了。

② 我们 ______________ 改天再去。

③ ______________ 放寒假了。

④ 那儿的冬天 ______________ 北京暖和。

4 아래에 제시된 단어들을 참고하여, 옆 사람과 <보기>처럼 대화해 보세요.

<보기>

A: 天气越来越冷了。

B: 是啊, 马上就要到冬天了。

韩国的气候怎么样?

A: 韩国四季分明, 春天暖和, 夏天热, 秋天凉快,

冬天冷。跟北京差不多。

① 热 / 夏天 / 北京 / 北京 / 韩国

② 暖和 / 春天 / 上海 / 上海 / 韩国

5 회화1, 2의 내용을 이용하여 질문에 답하세요.

① 山田他们什么时候去爬山?

② 下个周末天气怎么样?

③ 韩国的气候怎么样?

④ 这个寒假维真要去哪儿? 那儿的冬天天气怎么样?

간체자 연습

爬
pá

爬爬爬爬爬爬爬爬

预
預 yù

预预预预预预预预预预

发
發 fā

发发发发发

越
yuè

越越越越越越越越越越越越

暖
暖 nuǎn

暖暖暖暖暖暖暖暖暖暖暖暖暖

旅
lǚ

旅旅旅旅旅旅旅旅旅旅

NEW 스타트! 대학중국어

중국 엿보기

북방(北方)과 남방(南方), 하나의 중국 맞나요?

미국은 흔히 동부와 서부로 구분하죠? 중국은 친링(秦岭)산맥과 화이허(淮河)로 이어진 친화이선(秦淮线)을 경계로 북방과 남방으로 구분된답니다. 베이징, 톈진, 칭다오, 정저우 등이 북방 지역에 속하고요, 상하이, 항저우, 푸저우, 광저우, 홍콩 등이 남방의 대표지역이에요. 기후, 지형, 언어, 가치관, 음식 문화, 생활 풍습 등 여러 방면에서 북방과 남방은 확연한 차이를 보인답니다. 기후를 살펴보면 북방은 대륙성 온대 기후로 사계절이 뚜렷하나 겨울에 춥고 건조하고요, 남방은 해양성 아열대 기후로 겨울에도 비교적 따뜻하지만 습도가 높아 그 추위를 절~대 무시할 수 없어요. 특히 난방 시설이 북방처럼 잘 갖춰져 있지 않아 실내가 실외보다 더 춥답니다. 기후 외에 북방과 남방 사이에 어떤 차이가 있는지 스스로 한번 찾아보면 어떨까요?

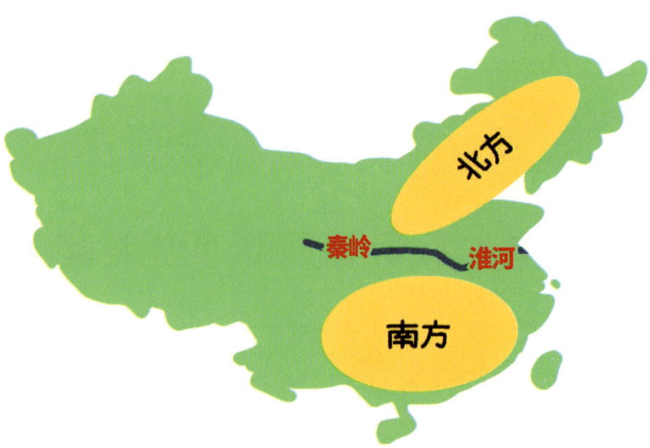

회화해석

제1과

회화 1

유진: 안녕!
야마다: 안녕!

선생님: 여러분 안녕하세요.
학생들: 선생님 안녕하세요.

유진: 잘 가!
야마다: 잘 가!

회화 2

유진: 고마워!
야마다: 천만에!

유진: 미안해!
야마다: 괜찮아.

제2과

회화 1

유진: 오랜만이야!
리리: 오랜만이네!
요즘 어떻게 지내니?
유진: 난 잘 지내. 너는?
리리: 나도 잘 지내.

회화 2

유진, 리리: 안녕!
야마다: 안녕!
유진: 요즘 바쁘니?
야마다: 안 바빠. 너희들은?
유진, 리리: 우리는 모두 바빠.

제3과

회화 1

왕 선생님: 학생 여러분 안녕하세요. 내 성은 왕이고 이름은 왕핑이라고 합니다.
학생들: 왕 선생님 안녕하세요.
왕 선생님: 이름이 뭐예요?
유진: 김유진입니다.
왕 선생님: 학생은요?
데이비드: 데이비드입니다.

회화 2

데이비드: 안녕!
유진: 안녕!
데이비드: 내 이름은 데이비드야. 너는?
유진: 난 유진이야. 넌 어느 나라 사람이니?
데이비드: 난 미국인이야. 너는?
유진: 난 한국인이야. 만나서 반가워.
데이비드: 나도 반가워.

제4과

회화 1

데이비드: 이게 뭐니?
유진: 우리 집 가족사진이야.
데이비드: 아, 너희 집 가족은 네 명이구나.
유진: 맞아. 아빠, 엄마, 오빠 그리고 나. 너희 집 가족은 몇 명이니?
데이비드: 우리 집 가족은 다섯 명이야.
유진: 누구누구가 있어?
데이비드: 아빠, 엄마, 누나 둘 그리고 나.

회화 2

데이비드: 너희 누나 올해 몇 살이니?
야마다: 스물일곱 살이야.
데이비드: 누나(그녀)는 무슨 일을 해?
야마다: 초등학교 선생님이야. 너는 누나 있니?
데이비드: 누나가 둘인데, 큰누나는 회사원이고, 둘째 누나는 대학생이야.

단문연습 1

이것은 유진이네 가족사진입니다. 그녀의 가족은 네 명이고 아빠, 엄마, 오빠 그리고 그녀가 있습니다.

단문연습 2

데이비드는 누나가 둘인데 큰 누나는 회사원이고, 둘째 누나는 대학생입니다.

제5과

회화 1

데이비드: 넌 어느 대학에 다니니?
유진: 경북대학교.
데이비드: 전공이 뭐니?
유진: 중문과에 다녀.
데이비드: 몇 학년이야?
유진: 2학년이야.

회화 2

유진: 너는 중국어 배우는 거 좋아하니?
데이비드: 좋아해.
유진: 중국어 어려워, 안 어려워?
데이비드: 안 어려워. 나는 중국어가 재미있는데. 너는 뭐 좋아하니?
유진: 난 중국영화 보는 거 좋아해
데이비드: 너무 신기하다!(대박) 나도 중국영화 보는 거 좋아해.

단문연습 1

유진이는 경북대학교에 다닙니다. 그녀는 중문과 2학년 학생입니다.

단문연습 2

데이비드는 중국어 배우는 것을 좋아하고 중국어가 어렵지 않고 매우 재미있다고 생각합니다. 유진이와 데이비드는 모두 중국영화 보는 것을 좋아합니다.

제6과

회화 1

데이비드: 지금 몇 시야?
야마다: 7시 20분.
데이비드: 우리 아침 먹으러 가자.
야마다: 미안, 나 오늘 아침 8시에 수업 있어. 시간이 없네.
데이비드: 언제 수업 마치니?
야마다: 12시 15분 전에 마쳐.
데이비드: 그럼 우리 점심 같이 먹자, 어때?
야마다: 좋아!

회화 2

유진: 내일 시간 있니?
야마다: 내일 오전 10시부터 오후 2시 반까지 계속 수업이 있어.
유진: 2시 반 이후는?
야마다: 별다른 계획 없어. 무슨 일 있니?
유진: 내일 저녁에 축구시합이 있는데, 우리 함께 보러 가자.
야마다: 그래. 수업 끝난 후에 너한테 갈게.

단문연습 1

야마다는 오늘 아침 8시에 수업이 있어서 데이비드와 함께 아침을 먹을 시간이 없습니다. 수업 끝난 후에 그들은 함께 점심을 먹습니다.

단문연습 2

야마다는 내일 2시 반 이후로는 수업이 없어서 유진이와 함께 축구시합을 보러 갈 계획입니다.

제7과

회화 1

야마다: 유진아, 네 생일은 몇 월 며칠이니?
유진: 10월 25일이야.
야마다: 곧 네 생일이 다가오네. 너 무슨 계획 있니?
유진: 아직 없어.
야마다: 나한테 좋은 생각이 있어. 그날 내가 친구 몇 명하고 생일 파티 해 줄게, 어때?
유진: 너무 좋아. 정말 진정한 친구인 걸! (찐친인 걸!)

회화 2

야마다: 데이비드, 25일이 유진이 생일이야.
데이비드: 그래? 그날 무슨 요일이야?
야마다: 토요일. 우리 함께 생일 파티해주자.
데이비드: 좋아. 어떻게 해 줄까?
야마다: 먼저 훠궈를 먹고 나서 노래 부르러 가자.
데이비드: 좋은 생각이야! 너는 뭘 선물할 거니?
야마다: 손목시계 하나 선물할까 해. 너는?
데이비드: 유진이가 음악 듣는 거 좋아하니까 나는 블루투스 이어폰 사 줄까 하는데, 어때?
야마다: 그래, 그 선물 괜찮네!

단문연습 1

10월 25일은 유진이 생일입니다. 야마다는 친구 몇 명과 그녀에게 생일 파티를 해 주려고 합니다.

단문연습 2

유진이 생일날, 그들은 먼저 훠궈를 먹고 나서 노래를 부르러 갈 계획입니다. 야마다는 유진이에게 손목시계를 선물하고 데이비드는 그녀에게 블루투스 이어폰을 선물합니다.

제8과

회화 1

사장: 뭐 필요하세요?
유진: 이 사과 달아요, 안 달아요?
사장: 달아요.
유진: 맛 좀 봐도 될까요?
사장: 당연히 되죠.
유진: 진짜 맛있네요. 어떻게 팔아요?
사장: 한 근에 4위안입니다. 맘껏 골라보세요.

....

유진: 이만큼만 살게요. 얼마예요?
사장: 12.8위안입니다.
유진: 여기 20위안 있어요.
사장: 7.2위안 거슬러 드릴게요.

회화 2

야마다: 너 뭐 하고 있니?
데이비드: 인터넷에서 블루투스 이어폰 하나 사려고 해.
야마다: 너 유진이 생일 선물 보고 있구나.
데이비드: 맞아! 이거 어때?
야마다: 가격도 안 비싸고 디자인도 괜찮네.
데이비드: 이 이어폰은 두 가지 색깔이 있는데, 유진이는 흰색을 좋아해 아니면 빨간색을 좋아해?
야마다: 내 기억으로는 빨간색을 좋아해.
데이비드: 그래? 그럼 빨간 걸로 사야겠다.

단문연습 1

유진이는 사과를 좀 사고 싶습니다. 사과는 한 근에 4위안이고 맛을 볼 수 있습니다. 그녀는 맛있다고 생각되어 몇 근 사려고 합니다.

단문연습 2

데이비드는 인터넷에서 유진이의 생일 선물을 고르고 있습니다. 야마다는 그가 고른 블루투스 이어폰이 가격도 비싸지 않고 디자인도 괜찮아서 좋다고 생각합니다. 유진이가 빨간색을 좋아해서 데이비드는 빨간 걸로 사려고 합니다.

제9과

회화 1

유진: 오후에 중국 친구 한 명 만나러 갈 건데 너도 함께 가자!
데이비드: 좋아. 어디서 만나니?
유진: 루이싱 커피숍에서 만날 거야.
데이비드: 루이싱 커피숍이 어디에 있어?
유진: 화룬 마트 옆에 있어.
데이비드: 여기서 멀어?
유진: 별로 멀지 않아. 걸어서 5분이면 도착해.

회화 2

데이비드: 벌써 7시네. 우리 뭐 먹지?
유진: 학교 맞은편에 오리구이 전문점이 있는데, 우리 거기 가서 한번 먹어보자.
리리: 그 집 오리구이 맛이 별로야.
유진: 그럼 어느 집이 맛있어?
데이비드: 듣자하니 취엔지더가 북경에서 가장 유명한 오리구이 전문점이라고 하더라.
리리: 이런 우연이! 우리 집 앞이 바로 취엔지더야. 우리 거기 가서 먹자.
야마다, 유진: 좋아!

단문연습 1

오후에 유진이가 중국 친구 한 명을 만나러 가는데 데이비드도 함께 갑니다.
그들은 루이싱 커피숍에서 만납니다. 그 커피숍은 여기서 멀지 않아서 걸어서 5분이면 도착합니다.

단문연습 2

저녁 7시, 유진, 데이비드와 리리는 모두 배가 고픕니다. 그들은 리리 집 앞에 있는 취엔지더에 가서 오리구이를 먹습니다.

제10과

회화 1

야마다: 데이비드, 밖에 비가 와. 오늘 등산 못 가겠어.
데이비드: 어떡해? 다른 날 갈 수 밖에 없겠네.
야마다: 언제 갈까?
데이비드: 다음 주말에 가자.
야마다: 다음 주말에 날씨가 어때?
데이비드: 일기예보에서 토요일은 맑고 기온이 20도이고, 일요일은 비가 조금 내리고 18도라고 해.
야마다: 그럼 토요일에 가자. 춥지도 덥지도 않아서 등

산하기에 딱 좋아.
데이비드: 좋아. 내가 유진이한테 위챗 할게.

회화 2

유진: 날씨가 점점 추워지네.
리리: 그러게, 곧 겨울이 올 거야. 한국의 기후는 어때?
유진: 한국은 사계절이 뚜렷해서 봄은 따뜻하고, 여름은 덥고, 가을은 시원하고, 겨울은 추워. 베이징과 비슷해.
리리: 곧 겨울 방학인데, 무슨 계획 있니?
유진: 이번 겨울 방학 때 윈난에 여행 가려고 해. 거기 춥니? 내가 추위를 많이 타서.
리리: 걱정할 필요 없어. 거기 겨울은 베이징보다 따뜻해.
유진: 그거 다행이네.

단문연습 1

밖에 비가 와서 야마다, 데이비드, 유진은 오늘 등산하러 갈 수 없습니다. 일기예보에서 다음 주 토요일은 맑다고 합니다. 그들은 그날 날씨가 춥지도 덥지도 않아서 등산하기에 적합하다고 생각합니다. 그들은 다음 주 토요일에 등산하러 갈 계획입니다.

단문연습 2

한국은 사계절이 뚜렷해서 베이징과 기후가 비슷합니다. 곧 겨울 방학이어서 유진이는 윈난에 여행 갈 계획입니다. 그런데 그녀는 추위를 많이 타서 걱정이 많습니다. 리리는 그녀에게 그곳의 겨울은 북경보다 따뜻하니 걱정할 필요가 없다고 알려줍니다.

모범답안

제1과

발음연습 _30

4. ① t ② m ③ l ④ n ⑤ b
녹음 ① tà ② mǔ ③ lí ④ nù ⑤ bō
녹음 ⑥ dàgē ⑦ tǐlì ⑧ bīpò ⑨ fādá ⑩ nǔlì

어법포인트 _35

① 我们
② 你们
③ 他们
④ 她们

연습문제 _36

1. 녹음 ① fā ② lǚ ③ mò ④ lǘ

2. 녹음 ① pó ② dū ③ tè
④ lǎoshī ⑤ nínhǎo ⑥ dàjiā
⑦ kèqi ⑧ guānxi ⑨ zàijiàn

3. 녹음 ① 你好(Nǐhǎo) ② 再见(Zàijiàn)
③ 不客气(Búkèqi) ④ 没关系(Méiguānxi)

4. ① 你好 ② 大家好 ③ 再见 ④ 对不起

제2과

발음연습 _42

4. ① g ② h ③ k ④ h ⑤ g
녹음 ① gǎi ② hòng ③ kēn ④ hán ⑤ gěng
녹음 ⑥ kònggào ⑦ kāikěn ⑧ hónghǎi ⑨ gāohán
⑩ kòugōng

어법포인트 _47

1. ① 他好吗?
② 你们累吗? ॥ 你们不累吗?
③ 她学习忙吗?

2. ① 你呢
② 老师呢
③ 你爸爸呢

3. ① 我不累。
② 他们不饿。
③ 我学习不忙。

4. ① 她最近很好。॥ 她最近不好。
② 我很饿。॥ 我不饿。
③ 我很忙。॥ 我不忙。

연습문제 _49

1. 녹음 ① gāng ② gěi ③ héng ④ kòu

2. 녹음 ① gǒng ② hái ③ kēn
④ bújiàn ⑤ xuéxí ⑥ zuìjìn
⑦ nǐne ⑧ háihǎo ⑨ bùmáng

3. 녹음 A: 你最近学习忙吗? B: 我很忙。
↳ 정답: ②

4. ① 也(yě) ② 忙(máng) ③ 不(bù) ④ 最近(zuìjìn)

5. ① 好久不见! ② 我也很好。 ③ 我很好。
④ 我很忙。॥ 我不忙。

제3과

발음연습 _54

4. 녹음 ① xīnxiān ② jiātíng ③ qióngrén
④ jiǎndān ⑤ xiōngdì ⑥ xiūxi
⑦ qiángdà ⑧ xuéxí ⑨ jūnrén
⑩ qiāomén

어법포인트 _59

1. ① 他姓什么?

② 你看什么书?

2. ① 我吃饭。
② 我不吃饭。

3. ① 我是美国人。
② 我不是中国人。
③ 她们也不是老师。

연습문제 _61

1. 녹음 ① quǎn ② xùn ③ xué ④ jūn

2. 녹음 ① xiōng ② quán ③ jiù
④ shénme ⑤ gāoxìng ⑥ nǎguó
⑦ hánguó ⑧ dàwèi ⑨ tóngxué

3. 녹음 ① 同学们好! ② 你是哪国人?
③ 你叫什么名字? ④ 认识你很高兴。
↳ 정답: ① ⓓ ② ⓐ ③ ⓒ ④ ⓑ

4. ① 什么(shénme) ② 姓(xìng)
③ 哪(nǎ) ④ 认识(rènshi)

5. ① 你叫什么名字? ② 我姓金。(자기 성씨)
③ 我也很高兴。 ④ 你是哪国人?

제4과

발음연습 _68

4. 녹음 ① zuǐchún ② chuángshang
③ suíbiàn ④ chūntiān ⑤ shuìjiào
⑥ róngzhòng ⑦ zhuāzhu ⑧ shuāijiāo
⑨ cuìruò ⑩ ruǎnruò

어법포인트 _74

1. ③

2. ① 十二
② 九十八
③ 一百二十 ॥ 一百二
④ 一百六十四

3. ① 杯
② 本
③ 瓶 ॥ 杯
④ 个 ॥ 口

4. ① 你买几本书?
② 你吃几个苹果?
③ 你们系有多少学生?

5. ① 你哥哥今年多大?
② 你姐姐多高?

6. ① 您今年多大年纪(岁数)?
② 你几岁?

연습문제 _79

1. 녹음 ① zhuǎn ② cuī ③ chún ④ shuì

2. 녹음 ① róng ② zhuā ③ chuàng
④ nǐjiā ⑤ jiějie ⑥ jīnnián
⑦ gōngzuò ⑧ zhíyuán ⑨ xiǎoxué

3. 녹음 ① 你家有几口人? ② 你今年多大?
③ 你做什么工作? ④ 你家都有什么人?
↳ 정답: ① ⓒ ② ⓑ ③ ⓓ ④ ⓐ

4. ① 口(kǒu) ② 和(hé) ③ 做(zuò) ④ 多(duō)

제5과

어법포인트 _88

1. ① 她在图书馆学习。
② 你在哪儿吃饭?

2. ① 她是哪国人?
② 你喜欢吃哪个?

3. ① 她是不是韩国人?
② 你有没有姐姐?
③ 最近他忙不忙? ॥ 他最近忙不忙?

연습문제 _90

1. 녹음 ① 你在哪所大学学习? ② 你学什么专业?
③ 你喜欢做什么? ④ 汉语难不难?
↳ 정답: ① ⓓ ② ⓐ ③ ⓑ ④ ⓒ

2. 녹음 我是北京大学二年级的学生。
我学习历史。
我喜欢看中国电影。
↳ 정답: ① O ② X ③ X ④ O

3. ① 所 ② 不 ③ 觉得 ④ 喜欢

제6과

어법포인트 _100

1. ① 两点二十(分)
② 六点四十五(分) ‖ 六点三刻 ‖ 差一刻七点
③ 八点三十(分) ‖ 八点半
④ 十点五十(分) ‖ 差十分十一点

2. ① 他哥哥不是二十三岁。
② 现在不是两点。

3. ① 她去书店买书。
② 来我家找我吧。
③ 明天他们去看电影。‖ 他们明天去看电影。

4. ① 从晚上八点到九点
② 从韩国到中国

5. ① 明天去他家吧。
② 你们一起来学校吧。
③ 你最近不太忙吧? ‖ 最近你不太忙吧?
④ 她不是你妹妹吧?

연습문제 _103

1. 녹음 ① 现在十点四十分。② 现在三点半。
③ 现在十二点五分。④ 现在差五分两点。
↳ 정답: ① ⓒ ② ⓐ ③ ⓓ ④ ⓑ

2. 녹음 现在7点50分。
今天我从早上8点到下午1点都有课。
下课以后, 我去看电影。
我喜欢看中国电影。
↳ 정답: ① O ② X ③ X ④ O

3. ① 差 ② 从 ③ 什么 ④ 场

제7과

어법포인트 _112

1. ① 二零二三年 七月 十八号(日)星期二
② 二零二七年 三月 五号(日)星期五
③ 一九九四年 六月 十二号(日)星期天(日)

2. ① 就到星期天(日)了
② 已经三十(岁)了
③ 十二点了

3. ① 星期天□我们□打算■她□过□生日。
② 爷爷□经常■爸爸□打□电话。
③ 请□你■我□发□电子邮件□。

4. ① 然后去唱歌吧
② 先去书店

5. ① 老师送我一本汉语书。
② 请告诉我你的名字。
③ 他给我一个生日礼物。‖ 我给他一个生日礼物。

연습문제 _117

1. 녹음 ① A: 你的生日几月几号? B: 5月8号。
② A: 今天星期三吗? B: 不, 今天星期四。
③ A: 你送她什么礼物? B: 我送她一本书。
↳ 정답: ① ⓒ ② ⓑ ③ ⓐ

2. 녹음
维真: 大卫, 四月二十五号是山田的生日。
大卫: 是吗? 维真, 那天星期几?
维真: 星期四。我们送他什么礼物好呢?
大卫: 我打算送他一本书。你呢?
维真: 我打算送他一块手表。
↳ 정답: ① X ② O ③ X ④ O

3. ① 就 ② 跟 ③ 然后 ④ 给

제8과

어법포인트 _126

1. (1) ① 二十元(块)
② 十九块两毛 ‖ 十九块二
③ 两百一十二(块) ‖ 二百一十二(块)
④ 四千零七十元(块)
(2) ① 7.50
② 103.00
③ 2305.80

2. ① 可以
② 不可以
③ 想
④ 不想

3. ① 你在这儿等等我吧。‖ 你在这儿等一等我吧。
② 你问问老师吧。‖ 你问一问老师吧。
③ 我们休息休息吧。

4. ① 我(正)在吃饭(呢)
② 弟弟(正)在唱歌(呢)
③ 王老师(正)在上课吗

5. ① 我想去中国。‖ 我想去日本。
② 我要看这本书。‖ 我要看那本书。
③ 我在学汉语。‖ 我在学英语。
④ 今天去。‖ 明天去。

연습문제 _131

1. 녹음 ① A: 这本书多少钱? B: 75块。
② A: 一杯咖啡多少钱? B: 30块。
③ A: 苹果多少钱一斤? B: 4块5。
↳ 정답: ① ⓒ ② ⓐ ③ ⓑ

2. 녹음
维真: 你在干什么呢?
大卫: 我想在网上买件衣服。你看这件怎么样?
维真: 款式不错。你要买什么颜色的?
大卫: 白色的。
维真: 多少钱? 贵不贵?
大卫: 350, 不贵。
↳ 정답: ① X ② O ③ O ④ X

3. ① 可以 ② 价格 ③ 款 ④ 还是

5. ① 很甜。当然可以。
② 四块钱一斤。
③ 他想在网上买个蓝牙耳机。
④ 价格不贵, 款式也不错。
⑤ 有两种颜色。白色和红色。

제9과

어법포인트 _140

1. ① 在
② 有 ‖ 是
③ 是

2. ① 前边有一家书店。‖ 前面有一家书店。
② 我旁边是我妹妹。
③ 银行在我家对面。

3. ① 离这儿远不远?
② 我家离学校不太远。‖ 学校离我家不太远。
③ 现在离下班还有两个小时。

연습문제 _143

1. 녹음
① A: 你家对面有什么? B: 我家对面是全聚德。
② A: 银行在哪儿? B: 银行在学校旁边。
③ A: 庆北大学在哪儿? B: 星巴克咖啡馆右边是庆北大学。
↳ 정답: ① ⓒ ② ⓐ ③ ⓑ

2. 녹음
大卫: 晚上我去见山田, 维真, 你也一块儿去吧!
维真: 好啊! 在哪儿见?
大卫: 全聚德烤鸭店。
维真: 全聚德在哪儿?
大卫: 山田家对面就是全聚德。
维真: 离这儿远不远?
大卫: 不太远, 走十分钟就到。
↳ 정답: ① X ② O ③ X ④ O

3. ① 在　② 离　③ 有 ‖ 是　④ 是

5. ① 她去见一个中国朋友。② 在超市旁边。
③ 味道不怎么样。　④ 全聚德在丽丽家前边。

제10과

어법포인트 _152

1. (1) ① 他能参加足球比赛。
② 现在不能给他打电话。
(2) ① 我不想喝咖啡。
② 我不想买苹果。

2. ① 她年纪不大也不小。
② 他个子不高也不矮。
③ 我不饿也不困。

3. ① 天气越来越热(了)。
② 弟弟的个子越来越高(了)。
③ 找工作越来越难(了)。

4. ① 她妹妹比我妹妹大。
② 大邱比北京热。
③ 草莓比苹果贵。

연습문제 _155

1. 녹음
① A: 明天天气怎么样?　B: 天气预报说, 明天下雨。
② A: 今天下午天气怎么样?　B: 天气预报说, 下雪。
③ A: 这个周末天气怎么样?　B: 天气预报说, 晴天。
↳ 정답: ① ⓑ　② ⓒ　③ ⓐ

2. 녹음
维真: 天气越来越热了。
丽丽: 是啊, 马上就要到夏天了。
维真, 首尔的气候怎么样?
维真: 首尔四季分明, 春天暖和, 夏天热, 秋天凉快, 冬天冷, 跟北京差不多。
丽丽: 维真, 快要放暑假了, 你有什么打算吗?
维真: 还没有。丽丽, 你呢?
丽丽: 我要去首尔旅行。
↳ 정답: ① X　② O　③ O　④ X

3. ① 不能　② 只好　③ 快要　④ 比

5. ① 他们下个星期六要去爬山。
② 天气预报说, 星期六晴天, 20度, 星期天小雨, 18度。
③ 韩国四季分明, 春天暖和, 夏天热, 秋天凉快, 冬天冷。
④ 她要去云南旅行。比北京暖和。